高等院校"十三五"

重庆工商大学融智学院校级规划教材

投资市场技术分析

主编 罗 威 贺 晗 纪同辉

微信扫码
申请课件等相关资源

南京大学出版社

前 言 | FOREWORD

本课程是证券与期货、投资专业的核心课程,课程的学习目的是通过学习传统和现代技术分析方法,能够使用图表对证券未来的价格运动做出较好的预测判断,该能力是相关专业的核心能力之一。

由于技术分析方法带有强烈的个人主观色彩,科学性和客观性不是很强,所以很多高校并没有将其作为一门课程,更多的是作为《证券投资学》《投资学》中的一个章节来介绍的。但如果从应用角度来看,技术分析是预测证券价格的两大基本方法之一,在实务界得到了广泛的应用,是从业人员的基本技能之一。重庆工商大学融智学院明确的"应用型人才培养方案"决定将该课程作为核心专业课来设置。

本教材分为十一章,第一章是投资市场技术分析概述,主要对技术分析适合的市场进行了具体的细分,以及对技术分析的概念、基本假定做了介绍,最后对比分析了基本分析和技术分析的优缺点;第二章是 K 线分析,从 K 线的绘制开始,对重要的反转 K 线和持续 K 线做了介绍;第三章介绍了切线分析方法,重点介绍了趋势线、支撑阻力线、通道线、百分比线等的使用方法;第四章介绍了移动平均线,重点介绍了单均线和双均线的技术使用和一些优化技术;第五章介绍形态分析方法,介绍了经典的反转形态和持续形态;第六章将技术分析指标分类,每个类别下至少选取一种具体的技术指标加以介绍,并介绍了指标的使用方法;第七章介绍了道氏和波浪理论,这是两种久负盛名的技术分析理论;第八章介绍了前沿的量化交易,并分节详细介绍了程序化交易、算法交易、高频交易;第九章是资金管理方法的介绍,介绍了针对单品种和多品种交易对象的科学的资金管理方法;第十章专门对止损止盈进行分析,从止损止盈的含义、功能、类型和如何科学来做等方面做了介绍;第十一章是交易系统的介绍,重点介绍了交易系统的含义、特点、功能和如何构建及交易系统的检测。全书章节的逻辑是第一章界定技术分析的对象是什么,第二到第八章是各种不同的技术分析方法的介绍,第九章到十一章是针对技术分析的某一具体环节展开具体分析。

从章节的安排来看,本教材在内容的全面性上比较突出,特别是在新交易分析方法上增加了反映最新技术的量化交易。另外,针对独立高校学生偏向动手能力的培养目标,对教材内容理论难度做了简化处理,重点突出方法的实际应用性。

本书由罗威统筹规划并主笔完成,贺晗主要撰写了第一和第九章,纪同辉主要撰写了第十章和第十一章。

编　者

2019 年 6 月

目 录 | CONTENTS

第一章 投资市场技术分析概述

学习提示

技术分析和基本分析方法是研究证券价格变动的两种基本方法,技术分析凭借其简单易行的特点,得到广大投资者的青睐。本章主要介绍技术分析的适用范围、使用假定、分析内容等,为后续章节打下基础。

内容提要

本章第一节主要对适用于技术分析的投资市场做出界定;第二节对技术分析方法做简要介绍;第三节对基本分析方法做简要介绍,并将技术分析和基本分析进行对比。

学习目标

了解技术分析适用的交易市场;了解技术分析的理论假定和研究对象;重点了解技术分析和基本分析各自的优缺点。

第一节 投资市场概述

本书所指的投资市场主要指金融市场,金融市场是指资金供求各方实现资金融通或进行金融商品交易的市场,有广义和狭义之分。广义的金融市场是指以"货币"这种特殊商品为交易对象,通过买卖各种金融商品融通资金的市场;狭义的金融市场一般是指有价证券市场,即股票和债券的发行和流通市场。

一、金融市场的分类

按金融交易的对象、方式、条件、期限等不同,金融市场可分为不同类型的市场。

(一)按金融商品的期限分

按金融商品的期限,可将金融市场分为短期金融市场和长期金融市场。

（二）按金融交易的性质分

按金融交易的性质,可将金融市场分为发行市场(初级市场、一级市场)和流通市场。

（三）按金融交易的场地分

按金融交易的场地,可将金融市场分为有形市场与无形市场。

（四）按金融交易的交割时间分

按金融交易的交割时间,可将金融市场分为现货市场和期货市场。

（五）按金融交易涉及的地域分

按金融交易涉及的地域,可将金融市场分为国内金融市场和国际金融市场。

（六）按金融交易工具分

按金融交易工具,可将金融市场分为票据市场、拆借市场、回购市场、CD 市场、证券市场、黄金市场、外汇市场和保险市场。

二、技术分析适用的投资市场

技术分析适用于市场参与者众多、流动性较好、价格有波动的金融市场。最适合使用技术分析的投资市场是股票市场、债券市场、期货及衍生品市场、黄金市场、外汇市场的二级交易市场。股票市场与债券市场两者又统称狭义证券市场。

（一）证券市场

证券市场是指证券发行的买卖的场所,其实质是资金的供给方和资金的需求方通过竞争决定证券价格的场所。证券市场是市场经济发展到一定阶段的产物,是为解决资本供求矛盾和流动而产生的市场。

1. 证券市场主要功能

（1）融通资金。

证券市场的融资功能是指证券市场为资金需求者筹集资金的功能。融通资金是证券市场的首要功能,这一功能的另一作用是为资金的供给者提供投资对象。一般来说,企业融资有两种渠道:一是间接融资,即通过银行贷款而获得资金;二是直接融资,即发行各种有价证券使社会闲散资金汇集成为长期资本。前者提供的贷款期限较短,适合解决企业流动资金不足的问题,后者弥补了前者的不足,使社会化大生产和企业大规模经营成为可能。政府也可以发行债券,从而迅速地筹集长期巨额资金,投入国家的生产建设之中或用来弥补当年的财政赤字。

（2）资本定价。

证券市场的第二个基本功能就是为资本决定价格。证券是资本的存在形式,所以,证券的价格实际上是证券所代表的资本的价格。证券的价格是证券市场上证券供求双方共同作用的结果。证券市场的运行形成了证券需求者竞争和证券供给者竞争的关系,这种竞争的结果是:能产生高投资回报的资本,市场的需求就大,其相应的证券价格就高;反之,证券的价格就低。因此,证券市场是资本的合理定价机制。

（3）资本配置。

证券市场的资本配置功能是指通过证券价格引导资本的流动而实现资本的合理配置的功能。证券投资者对证券的收益十分敏感,而证券收益率在很大程度上取决于企业的经济效益。从长期来看,经济效益高的企业的证券拥有较多的投资者,这种证券在市场上买卖也很活跃。相反,经济效益差的企业的证券投资者越来越少,市场上的交易也不旺盛。所以,社会上部分资金会自动地流向经济效益好的企业,远离效益差的企业。这样,证券市场就引导资本流向能产生高报酬的企业或行业,从而使资本产生尽可能高的效率,进而实现资源的合理配置。

2. 股票市场

股票市场是已经发行的股票转让、买卖和流通的场所,包括交易所市场和场外交易市场两大类别。由于它是建立在发行市场基础上的,因此又称作二级市场。股票市场的结构和交易活动比发行市场(一级市场)更为复杂,其作用和影响力也更大。

股票市场的前身起源于 1602 年荷兰人在阿姆斯特河大桥上进行荷属东印度公司股票的买卖,而正规的股票市场最早出现在美国。股票市场是投机者和投资者双双活跃的地方,是一个国家或地区经济和金融活动的"寒暑表"。

中国目前有上海证券交易所和深圳证券交易所,上市股票超过 3 000 家。

3. 债券市场

债券市场是发行和买卖债券的场所,是金融市场一个重要组成部分。债券市场是一国金融体系中不可或缺的部分。一个统一、成熟的债券市场可以为全社会的投资者和筹资者提供低风险的投融资工具。债券的收益率曲线是社会经济中一切金融商品收益水平的基准,因此债券市场也是传导中央银行货币政策的重要载体。可以说,统一、成熟的债券市场构成了一个国家金融市场的基础。

（二）期货及衍生品市场

广义上的期货市场包括期货交易所、结算所或结算公司、经纪公司和期货交易员;狭义上的期货市场仅指期货交易所。

1. 期货市场的组成

从结构上讲,期货市场由四部分组成:

(1) 期货交易所；

(2) 期货结算所；

(3) 期货经纪公司；

(4) 期货交易者，包括套期保值和投机者。

2．期货市场的主要功能

(1) 价格发现。

所谓价格发现，是指在交易所内对多种金融期货商品合约进行交易的结果能够产生这种金融商品的期货价格体系。

(2) 风险转移。

风险转移，期货市场可以提供套期保值业务，最大限度地减少价格波动带来的风险。套期保值就是买进或卖出与现货头寸数量相当、方向相反的期货合约，以期在将来某一时间通过卖出或买进期货合约而补偿因现货市场价格变动所带来的价格风险。20 世纪 70 年代以来，世界经济急剧波动，金融风险骤增，金融机构和公司都寻求金融期货市场规避风险，这正是金融期货市场得以产生、发展的内在动因。

金融期货市场之所以具有风险转移的功能，主要是因为期货市场上有大量的投机者参与。他们根据市场供求变化的种种信息，对价格走势做出预测，靠低买高卖赚取利润。正是这些投机者承担了市场风险，制造了市场流动性，使期货市场风险转移的功能得以顺利实现。

中国目前有四大期货市场：上海期货交易所、郑州商品交易所、大连商品交易所、中国金融期货交易所。

3．衍生品市场

金融衍生产品是指以杠杆或信用交易为特征，以在传统的金融产品（如货币、债券、股票等）的基础上派生出来的具有新的价值的金融工具，如期货合同、期权合同、互换及远期协议合同等。金融衍生产品市场分为如下几类：

(1) 金融期货市场。

金融期货合约是指在特定的交易所通过竞价方式成交，承诺在未来的某一日或某一期限内，以事先约定的价格买进或卖出某种标准数量的某种金融工具的标准化契约。

(2) 金融期权市场。

金融期权又称之为选择权，是指赋予其购买者在规定期限内按双方约定的价格或执行价格购买或出售一定数量某种金融资产的权利的合约。

(3) 金融远期市场。

金融远期合约是指双方约定在未来的某一确定时间，按照确定的价格买卖一定数量的某种金融资产的合约。

(4) 金融互换市场。

金融互换，是指互换双方达成协议并在一定的期限内转换彼此货币种类、利率基础及其他资产的一种交易。

(三) 黄金市场

国际黄金市场的参与者,可分为国际金商、银行、对冲基金等金融机构、各种法人机构、私人投资者以及在黄金期货交易中有很大作用的经纪公司。世界上有七大黄金市场,列示如下。

1. 伦敦黄金市场

伦敦黄金市场历史悠久。其发展历史可追溯到 300 多年前。1804 年,伦敦取代荷兰阿姆斯特丹成为世界黄金交易的中心,1919 年伦敦金市正式成立,每天进行上午和下午的两次黄金定价。由五大金行定出当日的黄金市场价格,该价格一直影响纽约和香港的交易。市场黄金的供应者主要是南非。1982 年以前,伦敦黄金市场主要经营黄金现货交易。1982 年 4 月,伦敦期货黄金市场开业。目前,伦敦仍是世界上最大的黄金市场。

2. 苏黎世黄金市场

苏黎世黄金市场,在"二战"后趁伦敦黄金市场两次停业发展而起,苏黎世市场的金价和伦敦市场的金价一样受到国际市场的重视。

苏黎世黄金市场没有正式组织结构,而是由瑞士三大银行(瑞士银行、瑞士信贷银行和瑞士联合银行)负责清算结账,三大银行不仅为客户代行交易,而且黄金交易也是这三家银行本身的主要业务。苏黎世黄金总库建立在瑞士三大银行非正式协商的基础上,不受政府管辖,作为交易商的联合体与清算系统混合体在市场上起中介作用。

苏黎世黄金市场在国际黄金市场的地位仅次于伦敦。

3. 美国黄金市场

纽约和芝加哥黄金市场是 20 世纪 70 年代中期发展起来的,主要原因是 1977 年后,美元贬值,美国人(主要是以法人团体为主)为了套期保值和投资增值获利,使得黄金期货迅速发展起来。

目前纽约商品交易所和芝加哥商品交易所不仅是美国黄金期货交易的中心,也是世界最大的黄金期货交易中心。两大交易所对黄金现货市场的金价影响很大。

4. 香港黄金市场

香港黄金市场已有 90 多年的历史,其形成以香港金银贸易场的成立为标志。1974 年,香港政府撤销了对黄金进出口的管制,此后香港金市发展极快。由于香港黄金市场在时差上刚好填补了纽约、芝加哥市场收市和伦敦开市前的空当,可以连贯亚、欧、美时间形成完整的世界黄金市场。其优越的地理条件引起了欧洲金商的注意,伦敦五大金商、瑞士三大银行等纷纷进港设立分公司。他们将在伦敦交收的黄金买卖活动带到香港,逐渐形成了一个无形的当地"伦敦黄金市场",促使香港成为世界主要的黄金市场之一。

目前中国香港地区有三个黄金市场:金银业贸易场、本地伦敦金市场、黄金期货市场。

5. 东京黄金市场

东京黄金市场于1982年成立,是日本政府正式批准的唯一黄金期货市场。会员绝大多数为日本的公司。黄金市场以每克日元叫价,交收标准金成色为99.99%,重量为1公斤,每宗交易合约为1 000克。

6. 新加坡黄金市场

新加坡黄金所成立于1978年11月,目前时常经营黄金现货和2、4、6、8、10个月的5种期货合约,标准金为100盎司的99.99%纯金,设有停板限制。

7. 上海黄金交易所

上海黄金交易所从2002年10月30日起开始正式运行。它是经国务院批准,由中国人民银行组建,履行《黄金交易所管理办法》规定职能,遵循公开、公平、公正和诚实信用的原则组织黄金交易,不以营利为目的,实行自律性管理的法人。

(四)外汇市场

外汇市场是指经营外币和以外币计价的票据等有价证券买卖的市场,是金融市场的主要组成部分。外汇市场是全球最大的金融市场,单日交易额高达1.5兆亿美元。在传统印象中,认为外汇交易仅适合银行、财团及财务经理人所应用,但是经过这些年,外汇市场持续成长,并已连接了全球的外汇交易人,包括银行、中央银行、经纪商及公司组织(如进出口业者及个别投资人),许多机构组织包括美国联邦银行都通过外汇赚取丰厚的利润。现今,外汇市场不仅为银行及财团提供了获利的机会,也为个别投资者带来了获利的契机。

世界外汇市场是由各国际金融中心的外汇市场构成的,这是一个庞大的体系。目前世界上约有外汇市场30多个,其中最重要的有伦敦、纽约、巴黎、东京、瑞士、新加坡、中国香港等,它们各具特色并分别位于不同的国家和地区,相互联系,形成了全球的统一外汇市场:伦敦外汇市场是一个典型的无形市场,没有固定的交易场所,只是通过电话、电传、电报完成外汇交易。伦敦外汇市场上,参与外汇交易的外汇银行机构约有600家,包括本国的清算银行、商人银行、其他商业银行、贴现公司和外国银行。这些外汇银行组成伦敦外汇银行公会,负责制定参加外汇市场交易的规则和收费标准。

在伦敦外汇市场上,约有250多个指定经营商。作为外汇经纪人,他们与外币存款经纪人共同组成外汇经纪人与外币存款经纪人协会。在英国实行外汇管制期间,外汇银行间的外汇交易一般都通过外汇经纪人进行。1979年10月英国取消外汇管制后,外汇银行间的外汇交易就不一定通过外汇经纪人了。

伦敦外汇市场的外汇交易分为即期交易和远期交易。汇率报价采用间接标价法,交易货币种类众多,最多达 80 多种,经常有三四十种。交易处理速度很快,工作效率高。伦敦外汇市场上外币套汇业务十分活跃,自从欧洲货币市场发展以来,伦敦外汇市场上的外汇买卖与"欧洲货币"的存放有着密切联系。欧洲投资银行积极地在伦敦市场发行大量欧洲德国马克债券,使伦敦外汇市场的国际性更加突出。

外汇市场的交易,与其他几个市场最大的区别是:外汇市场 24 小时无休,资金流动性极高,几乎无内幕及市场操纵行为等。

第二节　技术分析概述

一、技术分析的基本假定

（一）市场行为包容消化一切

市场行为包容消化一切构成了技术分析的基础。技术分析者认为能够影响某种证券价格的任何因素(基础的、政治的、心理的或任何其他方面的)实际上都反映在其价格之中。由此推论,研究价格变化就是我们必须做的事情。这个前提的实质含义其实就是价格变化必定反映供求关系,如果需求大于供给,价格必然上涨;如果供给大于需求,价格必然下跌,这个供求规律是所有经济的、基础的预测方法的出发点。把它掉过来,那么只要价格上涨,不论是因为什么具体的原因,需求一定超过供给,从经济基础上说必定看好;如果价格下跌,从经济基础上说必定看淡。归根结底,技术分析者不过是通过价格间接地研究经济基础。大多数技术派人士也会同意,正是根本的供求关系,即某种商品的经济基础决定了该商品的市场看涨或者看跌。图表本身并不能导致市场的升跌,只是简明地显示了市场上流行的乐观或悲观的心态。

技术分析者通常不理会价格涨落的原因,而且在价格趋势形成的早期或者市场正处在关键转折点的时候,往往没人确切了解市场为什么如此古怪地动作。恰恰是在这种至关紧要的时刻,技术分析者常常独辟蹊径、一语中的。所以随着市场经验日益丰富,遇上这种情况越多,"市场行为包容消化一切"这一点就越发显出不可抗拒的魅力。顺理成章,既然影响市场价格的所有因素最终必定要通过市场价格反映出来,那么研究价格就足够了。实际上技术分析者只不过是通过研究价格图表及大量的辅助技术指标,让市场自己揭示它最可能的走势,并不是分析师凭他的精明"征服"了市场。后面讨论的所有技术工具只不过是市场分析的辅助手段。技术派当然知道市场涨落肯定有缘故,但他们认为这些原因对于分析预测无关痛痒。

(二) 价格以趋势方式演变

"趋势"概念是技术分析的核心。研究价格图表的全部意义就是要在一个趋势发生发展的早期及时准确地把它揭示出来,从而达到顺着趋势交易的目的。事实上本书绝大部分理论在本质上就是顺应趋势,即以判定和追随既成趋势为目的。

从"价格以趋势方式演变"可以自然而然地推断,对于一个既成的趋势来说下一步常常是沿着现存趋势方向继续演变,而掉头反向的可能性要小得多。这当然也是牛顿惯性定律的应用。还可以换个说法:当前趋势将一直持续到掉头反向为止。虽然这几句差不多是车轱辘话,但反复强调的无非只有一个意思:坚定不移地顺应一个既成趋势,直至有反向的征兆为止。这就是趋势顺应理论的源头。

(三) 历史会重演

技术分析和市场行为学与人类心理学有着千丝万缕的联系。比如价格形态,它们通过一些特定的价格图表形状表现出来,而这些图形表示了人们对某市场看好或看淡的心理。其实这些图形在过去的一百多年里早已广为人知,并被分门别类了。既然它们在过去很管用,就不妨认为它们在未来同样有效,因为它们是以人类心理为根据的,而人类心理从来就是"江山易改,本性难移"。"历史会重演"说得具体点就是,打开未来之门的钥匙隐藏在历史里,或者说将来是过去的翻版。

二、技术分析的概念

技术分析是以预测市场价格变化的未来趋势为目的,以图表为主要手段,对市场行为进行的研究。

(一) 技术分析的目的

技术分析的目的包含以下四个方面的内容。

1. 市场价格未来的变动方向

技术分析的首要目的是预测市场价格未来是涨还是跌,或者说是预测市场价格未来的趋势是上涨趋势还是下跌趋势,还是横盘趋势;这是实际交易的方向选择问题,可以说是最重要的问题。如果技术分析判断为上涨趋势,实际交易中就可以考虑买入;如果技术分析判断为下跌趋势就可以考虑卖出;如果技术分析判断为横盘就可以考虑持有原有头寸或者继续空仓等待。

2. 市场价格的目标价位

除了想知道市场价格的涨跌方向之外,交易者对涨跌的幅度也同样关注,如果涨跌的幅度比较大,那么做对交易方向后的收益也比较大。所以市场价格能够涨跌多少(或者说目标价位)也成为技术分析的内容之一。有一些技术分析方法能够帮助交易者预测市场价格的目标位置,典型的一个代表就是艾略特波浪理论。

3. 市场价格的路径

预测对涨跌方向甚至目标价位并不必然保证交易者交易获利,因为不同的价格运行路径会对实际交易产生影响。例如,某交易者通过一些方法分析该证券价格将上涨20%,但是买入该证券后价格开始下跌,下跌到5%后该交易者止损,结果止损后该证券恢复上涨,最后上涨幅度达到20%。所以有些技术分析对价格运行路径也做出了分析。

4. 达到目标价格的时间

持仓时间是交易中的一个重要因素。交易者除了关心上面三个因素,还关心持仓时间,持仓时间越久,对交易者的心理考验就越大。另外,交易的时间是影响最终交易成绩的重要因素。所以有些技术分析者对市场价格运行时间也通过经验总结出一些判断预测时间的方法。

(二) 技术分析的手段

技术分析的手段是以图表为主,具体包括以下几点。

1. 价格

绝大多数技术分析都是以价格本身作为最重要甚至是唯一的分析对象。价格也分为很多种,如最常见的开盘价、收盘价、最高价、最低价,平均价、算数平均价、加权平均价,支撑价、阻力价,建仓价、止损价、平仓价,等等。

2. 成交量

有些技术分析还关注成交量,有些技术分析将价格和成交量结合起来分析,这些技术分析将成交量作为单独或者联合分析变量,从不同角度对市场价格做出分析和预测。

3. 持仓量

持仓量是期货交易中的特有分析对象,期货交易中不但有成交量变量还有持仓量变量,期货价格、成交量、持仓量可以构成三维分析框架。

4. 时间

对于有些技术分析手段,时间也构成分析对象,市场价格涨跌的时间也成为分析的重要变量。例如,在农产品期货中,由于生产的季节性,其期货价格体现出了强烈的季节性,对此,有些分析技术能够找出时间性规律。

5. 空间

有些技术分析分析价格的空间属性,研究价格的运动速度和空间大小,为判断是大机会还是小机会提供分析工具和方法。

（三）技术分析是经验的总结

说技术分析是经验的总结，有三点原因：

（1）在技术分析的各种理论体系中从定义到规则都带有明显的经验总结色彩，不具备严格的科学特征。

有些技术分析难以经受仔细的推敲，比如江恩理论中的 45 度线，设想一下，如果我们不成比例地改变时间和价格轴的单位，则同样一条直线便有不同的角度。

（2）技术分析的理论花样繁多，几乎每位技术分析者都有自己独有的一套。

各种技术理论之间联系较弱，难以贯穿成一整套理论体系。比如相互验证原则在道氏理论同艾略特理论中的不同；又比如江恩理论对价格水平的奇特算法，它把历史最高价除以 2 就得到一个重要水平。

（3）技术分析的理论不仅限于对市场的单向分析，还有如何适应市场进行实际操作的内容。

比如典型的技术分析名言"让利润充分增长，把亏损限于小额"已经不局限于分析的范围，同时还包括了资金管理、交易策略等如何适应市场的内容。

另一方面，技术分析又是切实可行、卓有成效的。在技术分析的结论中，不仅有对市场走势的判断，还有对价格目标的推测；不仅有对时间规模的判别，还有应对措施的建议。它的实用性和有效性已经经历了上百年的交易实践检验和证明。但是，因为技术分析具有明显的经验性，具有浓烈的主观色彩，所以实际上这是一门艺术。如果要掌握好它，单单靠按部就班地学习是远远不够的，非得有切实的市场经验不可。而学习和提高的过程也就是要把自己的经验"去粗取精、去伪存真"，也就是要把前人的成功经验借鉴、吸收为自己的切身经验。

第三节　基本分析概述

一、基本分析的假设前提

基本分析的假设前提是：证券的价格是由其内在价值决定的，价格受政治的、经济的、心理的等诸多因素的影响而频繁变动，很难与价值完全一致，但总是围绕价值上下波动。理性的投资者应根据证券价格与价值的关系进行投资决策。下面我们来看一下股票、期货、债券的内在价值到底是什么。

（一）股票的内在价值

股票的内在价值是指股票未来现金流入的现值。它是股票的真实价值，也叫理论价值。股票的未来现金流入包括两部分：每股预期股利和出售时得到的收入。股票的内在价值由一系列股利和将来出售时售价的现值所构成。

（二）期货的内在价值

$$期货的内在价值＝现货价格＋融资成本$$

这个定价模型是基于这样一个假设：期货合约是一个以后对应现货资产交易的临时替代物。期货合约不是真实的资产而是买卖双方之间的协议，双方同意在以后的某个时间进行现货交易，因此该协议开始的时候没有资金的易手。期货合约的卖方要以后才能交付对应现货得到现金，因此必须得到补偿来弥补因持有对应现货而放弃的马上到手的资金所带来的收益。相反，期货合约的买方要以后才付出现金交收现货，必须支付使用资金头寸推迟现货支付的费用，因此期货价格必然要高于现货价格以反映这些融资或持仓成本（这个融资成本一般用这段时间的无风险利率表示）。

（三）债券的内在价值

债券的内在价值是指债券的理论价格。

债券内在价值计算步骤为：计算各年的利息现值并加总得利息现值总和，然后计算债券到期所收回本金的现值，最后将上述两者相加即得债券的理论价格。

二、基本分析的基本概念

基本分析是以内在价值作为主要研究对象，通过对影响内在价值和价格的各种影响因素进行详尽分析（一般经济学范式），进而判断价格的变动趋势，最后形成相应的投资建议。

三、基本分析的主要内容

（一）股票基本分析的主要内容

通过对决定股票内在价值和影响股票价格的宏观经济形势、行业状况、公司经营状况等进行分析，评估股票的投资价值和合理价值，与股票市场价进行比较，相应形成买卖的建议。

基本分析包括下面三个方面的内容。

1. 宏观经济分析

研究经济政策（货币政策、财政政策、税收政策、产业政策等）、经济指标（国内生产总值、失业率、通胀率、利率、汇率等）对股票市场的影响。

经济指标又分为三类：先行性指标（如利率水平、货币供给、消费者预期、主要生产资料价格、企业投资规模等),这些指标的变化将先于证券价格的变化;同步性指标(如个人收入、企业工资支出、GDP 和社会商品销售额等),这些指标的变化与证券价格的变化基本趋于同步;滞后性指标(如失业率、库存量、单位产出工资水平、服务行业的消费价格、银行未收回贷款规模、优惠利率水平、分期付款占个人收入的比重等),这些指标的变化一般滞后于证券价格的变化。除了经济指标之外,主要的经济政策有货币政策、财政政策、信贷政策、债务政策、税收政策、利率与汇率政策、产业政策、收入分配政策,等等。

2. 行业分析

分析产业前景、区域经济发展对上市公司的影响。行业分析和区域分析是介于宏观经济分析与公司分析之间的中观层次的分析。行业分析主要分析产业所属的不同市场类型、所处的不同生命周期以及产业政策对于证券价格的影响;区域分析主要分析区域经济因素对证券价格的影响。

3. 公司分析

公司分析是基本分析的重点。公司分析主要包括以下三个方面的内容:

(1) 公司财务报表分析。

财务报表分析是根据一定的原则和方法,通过对公司财务报表数据进行进一步的分析、比较、组合、分解,求出新的数据,用这些新的数据来说明企业的财务状况是否健全、企业的经营管理是否妥善、企业的业务前景是否光明。财务报表分析的主要目标有公司的获利能力、公司的财务状况、公司的偿债能力、公司的资金来源状况和公司的资金使用状况。财务报表分析的主要方法有趋势分析法、比率分析法和垂直分析法。

(2) 公司产品与市场分析。

前者主要是分析公司的产品品种、品牌、知名度、产品质量、产品的销售量、产品的生命周期;后者主要分析产品的市场覆盖率、市场占有率以及市场竞争能力。

(3) 公司资产重组与关联交易等重大事项分析。

(二)商品期货基本分析的主要内容

商品期货价格的波动主要是受市场供应和需求等基本因素的影响,即任何减少供应或增加消费的经济因素,都将导致价格上涨的变化;反之,任何增加供应或减少商品消费的因素,都将导致库存增加、价格下跌。然而,随着现代经济的发展,一些非供求因素也对期货价格的变化起到越来越大的作用,这就使期货市场变得更加复杂,更加难以预料。影响期货价格变化的基本因素概括起来主要有以下八个方面。

1. 期货价格供求关系

期货交易是市场经济的产物,因此,它的价格变化受市场供求关系的影响。当供大于求时,期货价格下跌;反之,期货价格就上升。

2. 期货价格经济周期

在期货市场上,价格变动还受经济周期的影响,在经济周期的各个阶段,都会出现随之波动的价格上涨和下降现象。

3. 期货价格政府政策

各国政府制定的某些政策和措施会对期货市场价格带来不同程度的影响。

4. 期货价格政治因素

期货市场对政治气候的变化非常敏感,各种政治性事件的发生常常对期货价格造成不同程度的影响。

5. 期货价格社会因素

社会因素指公众的观念、社会心理趋势、传播媒介的信息影响。

6. 期货价格季节因素

许多期货商品,尤其是农产品有明显的季节性,价格亦随季节变化而波动。

7. 期货价格心理因素

所谓心理因素,就是交易者对市场的信心程度,俗称"人气"。例如,对某商品看好时,即使无任何利好因素,该商品价格也会上涨;而当看淡时,无任何利淡消息,价格也会下跌。又如,一些大投机商们经常利用人们的心理因素,散布某些消息,并人为地进行投机性的大量抛售或补进,谋取投机利润。

8. 其他可能引起期货价格变动的因素

在世界经济发展过程中,各国的通货膨胀,货币汇价以及利率的上下波动,已成为经济生活中的普遍现象,这对期货市场带来了日益明显的影响。

四、基本分析和技术分析的区别和联系

(一)技术分析的优势

1. 技术分析适用性强

技术分析适用性强是指技术分析可以在完全不同的交易对象之间进行切换,技术分析不但适用于大类投资对象,还适合于同类市场中的不同品种。例如,大类投资对象中的股票市场、期货市场、债券市场、衍生品市场都可以使用相同的技术分析方法来进行分析;就算是中国股票市场超过 3 000 只以上的股票也可以分别使用相同的技术分析方法去分析预测。

2. 技术分析适用于各种分析周期

技术分析的另外一个优势是可以在不同分析周期之间进行随意切换,技术分析

不仅适用于小周期的时间尺度,也适合大周期的时间尺度。对于短周期(如1分钟、3分钟、5分钟、30分钟),技术分析可以不加改变地使用;对于中周期(如60分钟、日线),技术分析也可不加改变地使用;对于长周期(如周线、月线、季线、年线),技术分析也可以不加改变地使用。

3. 技术分析更擅长做短期分析

技术分析简单直接,对短周期的分析应用更好。

4. 技术分析简单明了,易于操作使用

技术分析通常使用线、数值、指标等辅助手段进行交易研判,具有直观性,其背后的理论不多,经验总结也比较简洁,所以易于学习和上手。

(二)技术分析的劣势

1. 技术分析有盲区

所谓技术分析盲区,就是指技术分析无法预测或者预测失灵的区域,比如KDJ指标预测上升段和下跌段比较准确,但是出现高位钝化和低位钝化就是KDJ指标进入了技术分析盲区。又比如乖离率、布林线等技术指标做超跌反弹比较有效,但是,牛市末期反转的第一波下跌行情往往是惯性下跌行情,很多技术指标出现超跌反弹信号,结果都是失灵的,这也是技术分析盲区。

2. 技术分析的先天不足

技术分析主要是通过归纳方法对证券的量、价、时、空四个方面的经验做出总结,但实际上市场行为除了证券的量、价、时、空影响之外,还受市场环境、市场参与主体、主体的投资能力、信息传递的质量和速度等因素的影响。技术分析局限于证券四个维度的观察和分析,而忽视了市场其他维度提供的信息,因而具有某种程度上的不完善。这是技术分析追求简单、快速所做的放弃,这也就形成了技术分析的先天不足。

(三)基本分析的优势

1. 基本分析的逻辑性更强

基本分析通过宏观、中观、微观的详尽分析,依据经济原理和传导机制来预测价格未来的趋势,属于因果分析范式,所以更显得有根有据,令人信服。

2. 基本分析更擅长长周期的分析

基本分析由于基于重要经济变量的一系列传导,所花费的时间一般较长,所以基本分析更擅长长周期的分析。

（四）基本分析的劣势

1. 基本分析对使用者的要求较高，不像技术分析那样易于掌握

基本分析对基础数据的准确性、及时性要求较高，对使用这些基础数据进行推理的经济原理、经济机制要清楚，这就对使用者提出了较高要求。所以实际中机构偏向使用基本分析、散户偏向技术分析，这是由于两者的专业水平不一致造成的。

2. 基本分析不太适合对短期证券价格进行判断

基本分析分析重点关注的是中长期变量，变量之间的经济学传递影响也需要时间，而证券价格的短期变动更和交易者的情绪有关，所以基本分析不太适合对短期证券价格进行分析判断。

（五）基本分析和技术分析的联系

1. 两者的目的是一致的

基本分析、技术分析都是以预测证券价格的未来变动为目的。

2. 两者各自的优势和劣势不一致

从上面的分析可以知道，基本分析和技术分析各自的优劣势是不一样的，甚至刚好是互补的。

3. 两者结合可以更好地达到投资目的

基本分析和技术分析从不同的分析角度对证券未来价格变化做出判断，不同的思维角度造成各自的优劣势不一样甚至互补，所以两者的结合可以更好地服务于投资目的。我们经常听到的基本面选股、技术面选时就是两者结合使用的经典表述。

思考与习题

1. 适合技术分析的投资市场包括哪些具体的交易市场？
2. 简述技术分析的基本假定。
3. 简述技术分析的主要目的、内容和手段。
4. 简述技术分析与基本分析的优缺点。

第二章　K线分析

　　技术分析主要是分析K线,所以K线分析技术是技术分析的基础。K线分析方法既自成体系又是其他分析方法的基础。

　　本章全面介绍K线技术分析方法,在第一节K线基础知识中介绍K线的起源、绘制方法、各种不同K线的名称及含义,以及K线图构成要素的含义;第二节介绍五种重要的反转K线形态;第三节介绍相对不重要的六种K线形态;第四节介绍三种持续K线形态。

　　了解K线的绘制方法;掌握锤子线和上吊线、吞没形态、乌云盖顶和曙光初现、黄昏之星和启明之星、流星和倒锤子形态五种主要反转形态;了解孕线、平头、捉腰带线、两只乌鸦、三只乌鸦、反击线、塔型等七种次要的反转形态;了解缺口、三法、分手三种持续K线形态。

第一节　K线基础知识

一、K线的起源

　　K线图这种图表源处于日本德川幕府时代,被当时日本米市的商人用来记录米市的行情与价格波动,后因其细腻独到的标画方式而被引入到股市及期货市场。目前,这种图表分析法在我国乃至整个东南亚地区均尤为流行。由于用这种方法绘制出来的图表形状颇似一根根蜡烛,加上这些蜡烛有黑白之分,因而也叫阴阳线图表。通过K线图,我们能够把每日或某一周期的市况表现完全记录下来,股价经过一段时间的盘档后,在图上即形成一种特殊区域或形态,不同的形态显示出不同意义。我们可以从这些形态的变化中摸索出一些有规律的东西。K线图形态可分为反转形态、整理形态及缺口和趋向线等。那么,为什么叫"K线"呢? 实际上,在日本的

"K"并不是写成"K"字,而是写作"罫"(日本音读 kei),K线是"罫线"的读音,K线图称为"罫线",西方以其英文首字母"K"直译为"K"线,由此发展而来。

二、K线的绘制

它是以每个分析周期的开盘价、最高价、最低价和收盘价绘制而成。以绘制日 K 线为例,首先确定开盘和收盘的价格,它们之间的部分画成矩形实体。如果收盘价格高于开盘价格,则 K 线被称为阳线,用空心的实体表示;反之,称为阴线,用黑色实体或白色实体表示。很多软件都可以用彩色实体来表示阴线和阳线,在国内股票和期货市场,通常用红色表示阳线,绿色表示阴线(但涉及欧美股票及外汇市场的投资者应该注意:在这些市场上通常用绿色代表阳线,红色代表阴线,和国内习惯刚好相反),用较细的线将最高价和最低价分别与实体连接。最高价和实体之间的线被称为上影线,最低价和实体间的线称为下影线。

用同样的方法,如果用一分钟价格数据来绘 K 线图,就称为一分钟 K 线。用一个月的数据绘制 K 线图,就称为月 K 线图。绘图周期可以根据需要灵活选择,在一些专业的图表软件中还可以看到 2 分钟、3 分钟等周期的 K 线。

三、各种不同 K 线的名称及含义

K线可以依据其实体特征和影线特征给予正确的叫法,正式的叫法是先说影线特征然后再说实体特征,比如说"光头小阳线"就是指图 2-1 中第二行第三列的图;再比如"影等长阴十字"是指图 2-2 中第五行第五列的图。

(一)阳线

依据影线和实体特征的不同组合,阳线分为 24 种,见图 2-1。

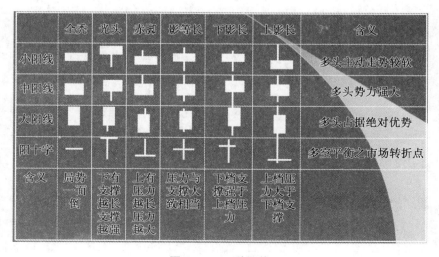

图 2-1　24 种阳线

（二）阴线

依据影线和实体特征的不同组合，阴线也分为 24 种，见图 2-2。

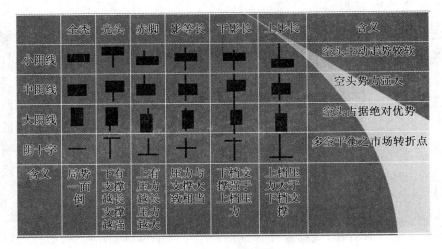

	全秃	光头	赤脚	影等长	下影长	上影长	含义
小阴线							空头主动走势较软
中阴线							空头势力强大
大阴线							空头占据绝对优势
阴十字							多空平衡之市场转折点
含义	局势一面倒	下有支撑越长支撑越强	上有压力越长压力越大	压力与支撑大致相当	下档支撑强于上档压力	上档压力大于下档支撑	

图 2-2　24 种阴线

四、K 线图

以时间为横轴、价格为纵轴，按时间顺序将 K 线排列在一个二维坐标图形上就形成了 K 线图。例如，下图是中国平安的日 K 线图，每一根 K 线是依据某一天的四个价格绘制而成，然后按照时间先后顺序排列在二维坐标图上（注意：价格纵轴在右边），从而形成中国平安的日 K 线图，见图 2-3。

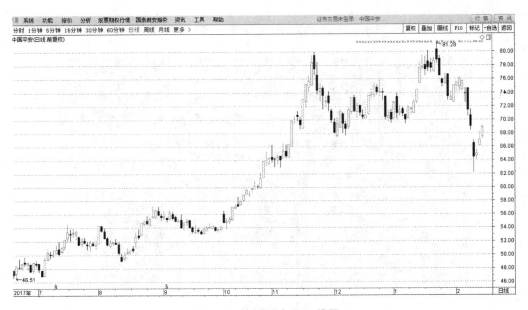

图 2-3　中国平安日 K 线图

五、K线图构成要素的含义

（一）开盘价

1. 定义

开市或开盘后的第一笔成交的价格，或者通过集合竞价后的结果价格。

2. 意义

在每个交易日里，开市和收市两个时刻承载着最重的市场情绪。日本交易商有句格言："头一个小时引导一个交易日。"由此来看，开市行情奠定了整个交易日行情的基础。开市价为我们研判当日市场的方向提供了第一条线索。从时间上来看，正是在开市这一重要时刻，夜间发生的所有的新闻和小道消息经过市场参与者的过滤选择之后全都融汇在一起了。交易商心中越是焦急，就越渴望早一点入市成交。于是就在开市的同一时刻，或持有空头头寸的人争先恐后地抢着平仓，或看好市场的潜在买家不肯后人地争着买进，或保值商需要并立新头寸、了结旧头寸等等。

经过开市时的一阵忙乱后，潜在的买家和卖家在估量自己的买卖价格水平时就找到了一个基本的参考点。人们常常把参与市场交易与投身战场相提并论，从这个意义上来说，开盘价最早向我们报告了战场局势的概况，也为我们辨识谁是友军、谁是敌人提供了临时的依据。

（二）收盘价

1. 定义

收市的最后一个价格，或者是收市集合竞价形成的价格。

2. 意义

除了开盘价，还有一个关键价格就是收盘价，特别是期货市场，是否追加保证金以及追加的多少是根据当日的收盘价来计算的，因此收盘价也是牵动市场参与者情绪的焦点。同时许多技术分析师确认重要图表的突破也参考收盘价。许多计算机交易系统也是以收盘价作为计算基础的。

（三）最高价

1. 定义

K线绘制周期中的最高价格。

2. 意义

最高价对于判断行情趋势有重要意义，如果最高价不断被刷新，很可能市场处于一个上涨趋势中。

（四）最低价

1. 定义

K线绘制周期中的最低价格。

2. 意义

最低价对于判断行情趋势有重要意义,如果最低价不断被刷新,很可能市场处于一个下跌趋势中。

（五）上影线

1. 定义

在K线图中,从实体向上延伸的细线叫上影线。在阳线中,它是当日最高价与收盘价之差;在阴线中,它是当日最高价与开盘价之差。

2. 意义

一般来说,产生上影线的原因是空方力量大于多方面造成的。开盘后,多方上攻无力,遭到空方打压,价格由高点回落,形成上影线。上影线在上升趋势中,即将由强势转变为弱势的重要信号,俗称"反转"信号。上影线越长,反转的寓意就越强。

（六）下影线

1. 定义

在K线图中,从实体向下延伸的细线叫下影线。在阳线中,它是当日开盘价与最低价之差;在阴线中,它是当日收盘价与最低价之差。

2. 意义

一般来说,产生下影线的原因是多方力量大于空方力量而形成的。股票开盘后,价格由于空方的打压一度下落,但由于买盘旺盛,使股价回升,收于低点之上,产生下影线。下影线越长,表示反转力量越强。如果第二个交易日的K线图呈阳线,则表示已经开始逆转反弹。

第二节　重要反转形态

技术分析者瞪大眼睛盯着价格的涨落,为的是及早发现市场心理变化和趋势变化的警告信号。反转价格形态就是这样的技术线索。在西方技术分析理论中反转信号包括双重顶和双重底、反转日、头肩形、岛形反转顶和岛形反转底等各种价格形态。然而从一定意义上来说,"反转形态"这一术语的用词是不准确的。听到反转形态这个术语,往往使人误以为现有趋势将会突兀地结束,立即反转为新的趋势。实际上这种情况很少发生。趋势的逆转一般都是伴随着市场心理的逐渐改变进行的,通常需要经过一个缓慢的、分阶段的演变过程。

确切地说,趋势反转信号的出现意味着之前的市场趋势可能发生变化,但是市场并不一定就此逆转到相反的方向上。弄清楚这一点是至关重要的。我们不妨打个比方,一段上升趋势就相当于一辆以时速30英里前进汽车,刹车灯亮了,汽车随后停了下来。刹车灯相当于趋势反转信号,它表明先前的趋势(相当于汽车向前行驶)即将终止。现在,汽车静止不动,那么下一步,司机是打算调头向相反方向行驶,还是停在那里不动,抑或是继续向前行驶呢?如果没有更多的线索,我们根本无从知晓。

因此,当说反转形态的时候,仅仅意味着之前的趋势将发生变化,但是未必一定会反转。

及时判别反转形态的发生,是一项极有实用价值的市场分析技巧。交易的成功需要两个方面的保证,既要能够正确地把握趋势、追随趋势,也要能够正确地把握趋势即将发生变化的各种可能性。反转形态便是市场以其特有的方式为我们提供的一种指路牌,牌子上写着:"当心:趋势正在发生变化。"也就是说,市场的心理状态正在发生变化。那么,为了适应这种新的市场环境,我们就应当及时调整自己的交易方式。当反转形态出现时,如何建立新头寸,如何了结旧头寸,存在多种多样的选择。

这里有一条重要原则:仅当反转信号所指的方向与市场的主要趋势方向一致时,我们才可以依据这个反转信号来开立要头寸。举个例子,假定在牛市的发展过程中出现了一个顶部反转形态,虽然这是一个看跌的信号,却并不能保证卖出做空是有把握的,这是因为市场当前的主要趋势依然是上升的。无论如何,从这个反转形态的实质意义来说,它构成了了结既有多头头寸的交易信号。如果当前主要趋势为下降趋势,那么虽然还是这个顶部反转形态,但是它就足以构成卖出做空的凭据了。

这一节我们介绍一些重要的反转形态。

一、锤子线和上吊线

如图2-4所示的K线图线具有明显特点。它们的下影线较长,而实体较小,并且在其全天价格区间里,实体处在接近顶端的位置上。在下降趋势中的这种K线叫作锤子线,在上升趋势中的这种K线叫上吊线。上吊线的名字是从它的形状得来的,这类K线看上去就像吊在绞刑架上双腿晃荡的一个死人。

图 2-4　锤子线和上吊线

形状相同的 K 线,有时是看涨的,有时又是看跌的,看起来或许有些不合常情。但是,如果熟悉西方技术分析理论中的岛形顶和岛形底,那就不难看出,在这个问题上,东西双方的思路如出一辙。对岛形反转形态来说,既可以是看涨的,也可以是看跌的,取决于它在市场趋势中所处的位置。如果岛形反转形态出现在长期的上升趋势之后,则构成看跌信号;如果岛形反转形态出现在下降趋势之后,则构成看涨信号。

我们可以根据三个方面的标准来识别锤子线和上吊线:

(1) 实体处于整个价格区间的上端,而实体本身的颜色是无所谓的。

(2) 下影线的长度至少达到实体高度的 2 倍。

(3) 在这类 K 线中,应当没有上影线,即使有上影线,其长度也是极短的。

在看涨的锤子线的情况下,或者在看跌的上吊线的情况下,其下影线越长、上影线越短、实体越小,那么,这类 K 线就越有意义。虽然锤子线或者上吊线的颜色既可以是白的,也可以是黑的,但是,如果锤子线的实体是白色的,其看涨的意义则更坚挺几分;如果上吊线的实体是黑的,其看跌的意义则更疲软一点。如果锤子线的实体是白色的,就意味着在当天的交易过程中,市场起先急剧下挫,后来却完全反弹上来,收市在当日的最高价处,或者收市在接近最高价的水平上,这一点本身就具有小小的看涨的味道。如果上吊线的实体是黑色的,就表明当日的收市价格无力向上返回到开市价的水平,这一点或许就有潜在的看跌意味。

如图 2-5 所示,上证指数 2013 年 6 月 25 日形成一个经典的锤子看涨 K 线,后面形成了一个两年的牛市行情。

当上吊线出现时,一定要等待其他看跌信号的证实,这一点特别重要。为什么呢? 当中的缘由要从上吊线的形成过程说起。通常,在出现这种 K 线之前,市场充满了向上的冲劲。突然,上吊线出现了。在上吊线这一天,市场的开盘价就是当日最高价(或者当日的开市价接近最高价)。之后市场一度剧烈下跌,后来再上冲,最后收市于最高价的水平,或者接近最高价的水平。从上吊线的价格演化过程本身看来,未必令人联想到顶部反转形态。然而,这个价格变化过程预示着,一旦市场遭到空方的打压,就会不堪一击,迅速引发市场的向下突破。次日,如果市场开市在较低的水平,那么凡是在上吊线当日的开市、收市时买进的交易者,现在统统背上了亏损的头寸,被"吊"在上面。综合上述分析,我们就得到了关于上吊线的一条普通原则:上吊线的实体与上吊线次日的开市价之间向下的缺口越大,那么上吊线就越有可能构成市场的顶部。在上吊线之后，如果市场形成了一个黑色的实体，并且它的收盘价低于上吊线的收盘价，那么这亦可以看作上吊线成立的一种特征。

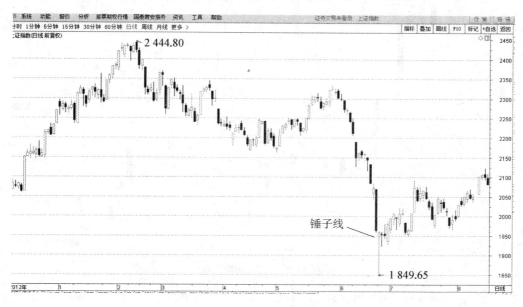

图2-5 锤子线

如图2-6所示，创业板指数在2015年6月5日经历一段快速上涨后，在高位形成上吊线，其后快速下跌，跌幅巨大。

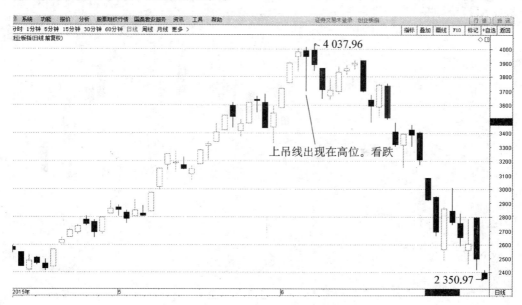

图2-6 上吊线

锤子线的实体如果为十字，是强烈的看涨信号，俗称"定海神针"，图2-7给出了一个示例。

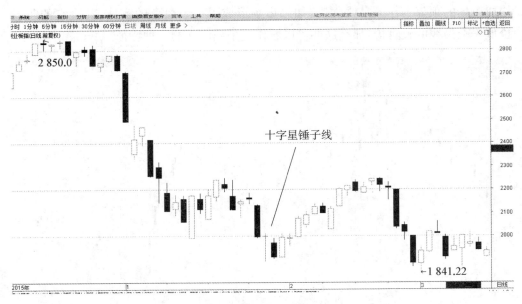

图 2-7　十字星锤子线

创业板指数在 2016 年 1 月 27 日在下跌趋势中出现了十字星锤子线,其后三天不能创新低,其后是小幅上涨,形成盘整走势。

上吊线的实体如果为"十"字,是强烈的看跌信号,图 2-8 给出了一个示例。

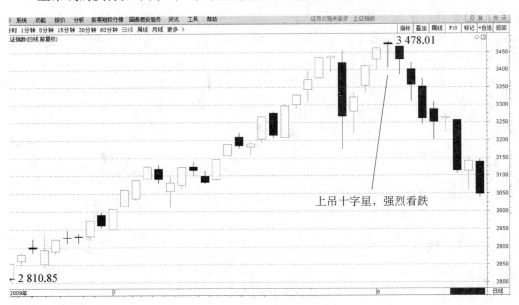

图 2-8　上吊十字星

上证 2009 年 8 月 4 日出现上吊十字星,其后几天快速下跌。

二、吞没形态

吞没形态由两根K线构成,后一根K线的实体要完全包裹住第一根K线的实体,在下跌趋势中出现的这种吞没形态叫作看涨吞没形态,要求前一根K线是阴线,后一根K线是阳线,见图2-9;在上升趋势中出现的这种吞没形态叫作看跌吞没形态,要求前一根K线是阳线,后一根K线是阴线,见图2-9。

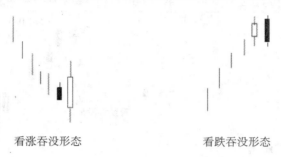

看涨吞没形态　　　　　　　看跌吞没形态

图2-9　吞没形态

图2-9左边显示的是看涨吞没形态。在本图中,市场本来处于下降趋势之中,但是后来出现了一个坚挺的白色实体,这个白色实体将它前面的那个黑色实体"抱进怀里了",或者说把它吞没了。这种情形说明市场上买进的压力已经压倒了卖出压力。图2-9右边是看跌吞没形态的示意图。在本图中,市场原本正向着更高的价位趋升。但是,当前一个白色实体被后一个黑色实体吞没了,这就构成了顶部反转的信号。这种情形说明,熊方已经从牛方手中夺走了统治权。

关于吞没形态,我们有三条判别标准:

(1)在吞没形态之前,市场必须处在清晰可辨的上升趋势或下降趋势中,哪怕这个趋势只是短期的。

(2)吞没形态必须由两条K线组成。其中第二根K线的实体必须覆盖第一根K线的实体(但是不一定需要吞没前者的上下影线)。

(3)吞没形态的第二个实体必须与第一个实体的颜色相反。

这一条标准有例外的情况,条件是,第一条蜡烛线的实体必须非常小,小得几乎构成了一根十字线(或者它就是一根十字线)。如此一来,如果在长期的下降趋势之后,一个小小的白色实体为一个巨大的白色实体所吞没,那么也可能构成底部反转形态。反之,在上升趋势中,如果一个小小的黑色实体为一个巨大的黑色实体所吞没,那么也可能构成顶部反转形态。

如果吞没形态具有如下特征,其反转的可能性将大大增强:

(1)第一天的实体较小,第二天的实体较大。这种情况说明原有趋势动力减小,新的趋势动力增强。

(2)在长期或者急速的涨跌之后。长期和急速的涨跌之后原有的趋势驱动力很容易衰竭。

（3）第二根 K 线伴随超级大的成交量。成交量佐证了反向趋势的可能性。

（4）第二根实体向前吞没的 K 线不止一根。

图 2-10 显示，上证指数先连续上涨，在 2018 年 1 月 29 日，出现看跌吞没形态，而且黑色 K 线向前吞没 3 根 K 线，其后快速下跌。

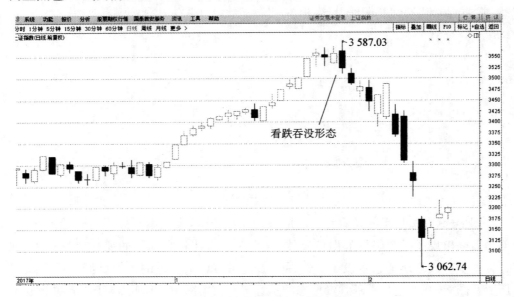

图 2-10　看跌吞没形态

图 2-11 显示，上证指数 2007 年 7 月 5 日和 6 日，在盘整区域底部出现看涨吞没形态，其后上涨。

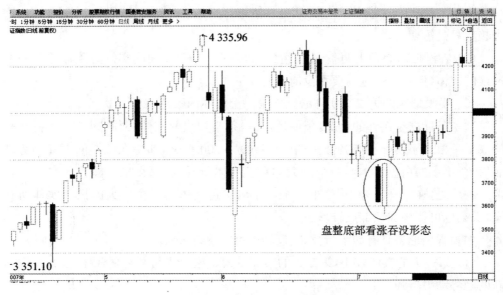

图 2-11　看涨吞没形态

三、乌云盖顶与曙光初现

乌云盖顶(见图 2-12 左边)需要市场先有一个上涨趋势或者是一个盘整区域顶部,第一天是一根坚挺的白色实体,第二天的开盘超过第一天的最高价,但是市场却收市在接近当日的最低价的水平,并且收市价明显地向下扎入到第一天白色实体的内部。第二天的黑色实体向下穿进第一天的白色实体的程度越深,则该形态构成顶部反转过程的可能性就越大,有些日本技术分析师要求,第二天黑色实体的收市价必须向下穿过前一天白色实体的 50%。如果黑色实体的收市价没有向下穿过白色K 线的中点,那么,当这类乌云盖顶形态发生后,最好等一等,看看是否还有进一步的看跌验证信号,这种看跌形态背后的道理是很容易理解的。在形态发生之前,市场本来处于上升趋势之中,有一天,出现了一根坚挺的白色蜡烛线,第二天,市场在开市时便向上跳空,到此刻为止,多方完全掌握着主动权,然而,此后市场却没有继续上冲。事实上,市场收市在当日的最低价处,或者在最低价附近,并且这个收市价明显地向下扎进了前一天的实体内部,在这种情况下,多头头寸持有者的信心便开始动摇。还有一些人一直在找机会卖出做空,那么现在他们就得到了一个设置止损指令的参考水平——在乌云盖顶形态的第二日形成的新高价格水平。

乌云盖顶　　　　　　　　　　　　　曙光初现

图 2-12　乌云盖顶与曙光初现

下面列出了一些参考性因素,如果乌云盖顶形态具有这样的特征,则有助于增强其技术分量:

(1) 在乌云盖顶形态中,黑色实体的收市价向下穿入前一个白色实体的程度越深,则该形态构成市场顶部的机会越大。

如果黑色实体覆盖了前一天的整个白色实体,那就形成了看跌吞没形态。在乌云盖顶形态中,黑色实体仅仅向下覆盖了白色实体的一部分,我们不妨把乌云盖顶形态比作日偏食,在这种情况下,月亮只遮住了太阳的一部分(换句话说,覆盖了部分白色实体),那么看跌吞没形态就成了日全食,在这种情况下,月亮遮住了太阳的全部(也就是说覆盖了整个白色实体),从这一点上说,作为顶部反转信号,看跌吞没形态比乌云盖顶形态具有更重要的技术意义。如果在乌云盖顶形态之后,或者在看跌吞没形态之后,出现了一根长长的白色实体,而且其收市价超过了这两种形态的最高价,那么这可能预示着新一轮上冲行情的到来。

（2）乌云盖顶形态发生在一个超长期的上升趋势中,它的第一天是一根坚挺的白色实体,其开市价就是最低价(就是说是秃脚的),而且其收市价就是最高价(就是说是秃头的);它的第二天是一根长长的黑色实体,其开盘价就是最高价,收盘价就是最低价。

（3）如果第二个实体的开盘价高于某个重要的阻挡位,但市场没能成功守住,那么证明多方无力控制市场。

（4）如果在第二天开市的时候,市场的交易量非常大,那么这里就可能发生胀爆现象。

具体说来,当日开市价创出了新高,而且开市时的成交量极重,可能意味着很多新买家终于下决心入市,踏上了牛市的"船"。随后市场却发生了抛售行情。那么很可能用不了太久,这群人数众多的新多头(还有那些早已在上升趋势中坐了轿子的老多头)就会认识到,他们上的这条船原来是"泰坦尼克"号。对期货交易商来说,极高的持仓量也是一种警告信号。

乌云盖顶的示例见图 2-13。

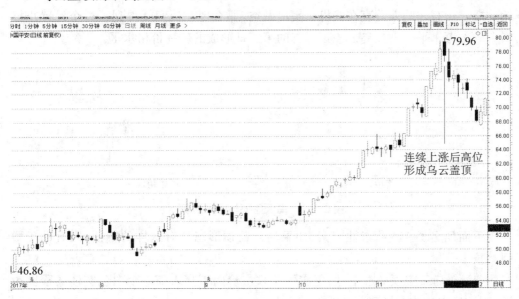

图 2-13 乌云盖顶

曙光初现(见图 2-12 的右边)就是乌云盖顶的反面,出现在下跌趋势或者盘整底部。示例见图 2-14。

上证指数 2007 年 6 月 4 日和 5 日,在上涨调整后出现曙光初现形态,其后上涨。

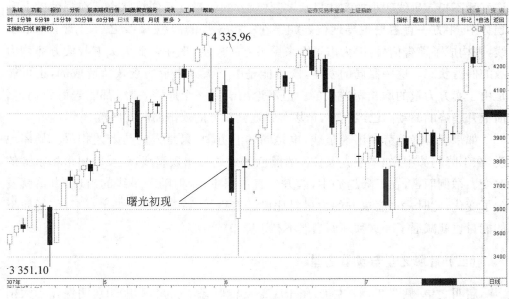

图 2 - 14　曙光初现

四、黄昏之星与启明之星

（一）星线与十字星线

星线的实体较小，与前面一个 K 线实体形成了价格跳空，且两个实体不能重叠，星线本身的颜色并不重要（见图 2 - 15）。星线既可能出现在市场的顶部也可以出现在市场的底部，如果星线的实体缩小为十字星，则称之为十字星线（见图 2 - 16）。

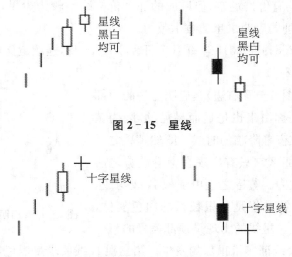

图 2 - 15　星线

图 2 - 16　十字星线

当星线，尤其是十字星线出现的时候就还是一个警告信号，表示当前的趋势或许好景不长。星线较小的实体显示,多空双方的较量处于僵持状态。在强劲的上升趋势中,牛方一直占据主导地位。如果在一根长长的白色 K 线之后出现了一根星线,则构成了警告信号:因为市场原来受买方的控制,现在转变为买方与卖方势均力敌的僵持状态。这一僵局的发生,既可能是由于买方力量的衰减所造成的,也可能是由于卖方力量的增长所造成的。但不论出于哪一个原因,星线都能告诉我们,当前上升趋势的驱动力已经瓦解,市场容易遭到卖方的攻击而向下回落。

如果在下降趋势中出现星线,也是同样的道理,只是方向与上述相反。具体地说,在下降趋势中,如果在一根长长的黑色 K 线之后出现星线,就反映出市场氛围的改变。举例而言,在下降趋势中,熊方一直占据主动,但随着星线的出现,事情就发生了变化,此时,牛、熊双方的力量对比已经变得较为平衡了。如此一来,市场向下的能量也就减退了。这种局面当然不利于熊市的继续发展。

(二)启明之星与黄昏之星

启明之星(见图 2-17 左边)属于底部反转形态,它的名称就像启明星预示太阳的升起一样。在本形态中,先是一根长长的黑色实体,随后是一根小小的实体,并且在这两个实体之间形成了一个向下跳空(这两条蜡烛线组成了基本的星线形态)。第三天是一根白色实体,它明显地向上推进到了第一天的黑色实体之内。本形态发出的信号是,多方已经重新夺回了主导权。为了交代清楚本形态的理论背景,可以把这个形态分解开来,对其中的三根 K 线逐一加以研究。当第一条黑色实体 K 线出现时,市场正处于下降趋势中。到此为止,空方占据上风,随后的一天较小的实体表明空方已经失去将市场价格继续打压的能量。第三天市场形成一根坚挺的阳线,收复前两天的部分失地,这就证明多方已经取得了统治权。在理想的情况下要求星线与前后两根 K 线均有价格跳空,但后面的那个价格跳空较为少见,即使没有后面的价格跳空,也不会削弱启明之星的技术效力。

未名医药(002581)在 2015 年 9 月 7 日和 9 月 15 日,连续走出两个启明之星,其后开始上涨,见图 2-18。

黄昏之星(见图 2-17 右边)是启明之星的顶部对等形态。它的名称由来也是显而易见的,因为黄昏之星恰好出现在夜幕降临的时候。既然黄昏之星是顶部反转形态,那么它只有出现在上升趋势之后才能发挥其及时效力。黄昏之星由三根 K 线构成。在前两根 K 线中,第一根是一根长长的白色实体,后一根是一根星线。星线的出现是顶部信号的第一

启明之星　　　　　　　　黄昏之星

图 2-17　启明之星与黄昏之星

个征兆。第三根 K 线证实了顶部的发生。第三根 K 线要求是黑色实体,它剧烈地向下插入第一天白色实体的内部。从原则上说,在黄昏之星形态中第二根 K 线要求和第一根和第三根 K 线之间有价格跳空,但第二根价格跳空比较少见,对于本形态成

功来讲,这个条件并不是必需的,本形态的关键之处是第三天的黑色实体向下穿入第一根白色实体的深度。

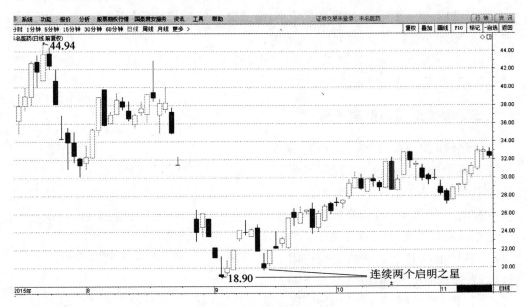

图 2 - 18　启明之星

图 2 - 19 是黄昏之星的一个示例。上证 50 指数在经过一段上涨趋势后在 2017 年 11 月 22 日前后,形成了一个黄昏之星,其后连续下跌。

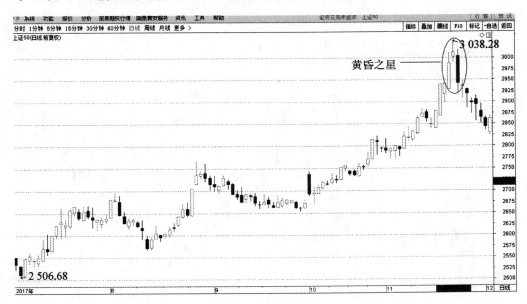

图 2 - 19　黄昏之星

下面罗列出一些参考因素,这些因素加强了启明之星和黄昏之星的有效性:

(1) 第二根 K 线和前后两根 K 线有价格跳空。

（2）第三根 K 线收盘价深深地插入第一根 K 线的实体，甚至低于第一根 K 线的开盘价。

（3）如果第一根 K 线的成交量较小，第三根 K 线的交易量较重。这一点表明原先的趋势力量减弱，以及新趋势力量的增长。

（4）如果星线变为十字星线，启明之星就变为十字启明星，黄昏之星就变为十字黄昏星，这种形态是加强版的启明之星和黄昏之星。

五、流星形态与倒锤子形态

流星线具有较小的实体，而且实体处于其价格区间的下端，同时流星线的上影线较长（见图 2－20 左边）。与所有的星 K 线一样，流星线实体的颜色并不重要。流星线的形状形象的显示，当日市场开市于它的最低点附近，后来强烈地上冲，但最后却向下回

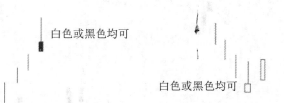

图 2－20　流星形态与倒锤子形态

落，收市于开市价附近。换句话说，这个交易时间单位内的上冲行情不能够维持下去。在理想的流星形态中，流星线的实体与前一根 K 线的实体之间存在价格跳空。不过，这样的价格跳空并不是非有不可的。

金智科技（002090）在 2013 年 3 月 11 日走出一个阶段性顶部流星形态，其后下跌，见图 2－21。

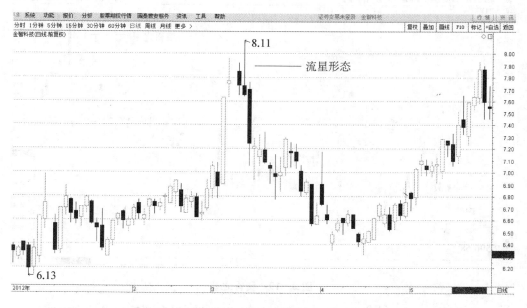

图 2－21　流星形态

在下降趋势后，如果出现了与流星线外观一致的蜡烛线，则可能构成一个看涨

信号。这样的蜡烛线称为倒锤子线（见图2-20右边）。在分析倒锤子线时，必须等待下一根K线的看涨信号对它加以验证，验证信号要求：下一根K线开盘跳空，跳空距离越大，看涨信号就越强，或者下一根K线收阳且价格处于较高水平。如果下一根K线向上跳空，凡是在倒锤子线开盘和收盘之间做空的人统统处于亏损状态，市场维持在倒锤子线实体线上的时间越长，上述空头止损出市的可能性就越大。

未名医药（002581）在2015年9月7日，在快速下跌之后出现了倒锤子形态，第二天向上跳空收阳，其后开始上涨，见图2-22。

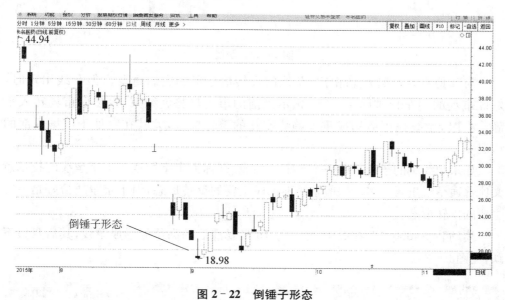

图2-22　倒锤子形态

如果流星的实体为十字星且上影线较长，这种俗称为"墓碑形态"。

第三节　其他反转形态

前一节介绍的反转形态是比较强的信号，本节介绍的其他反转信号通常但不总是构成反转形态，因此它们是较弱的反转信号。

一、孕线

如图2-23所示即孕线形态，其中后一根K线的实体较小，并且被前一根相对较长的实体包容进去。本形态的名字来自一个古老的日本名词，意思就是"怀孕"。在本形态中，长的K线是"母"K线，而小的K线则是"子"或"胎"K线。

孕线形态与吞没形态相比，两根K线的顺序恰好颠倒过来。在吞没形态中，后面是一根长长的实体，它将前一个小实体覆盖进去了，而在孕线形态中，前一个是非

常长的实体,它将后一个小实体包容起来。在吞没形态中,两根 K 线的实体的颜色
应当互不相同。而在孕线形态中,这一点倒不是一项必要条件,第二根 K 线的实体
无论是白色还是黑色均可。但最终会发现,在绝大多数情况下,孕线形态的两个实
体的颜色也是不同的。

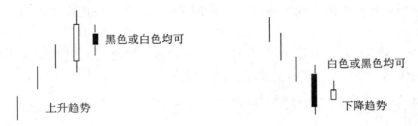

图 2-23　孕线

与其他重要反转形态相比,孕线的反转信号不如它们重要。但孕线出现时,
好像市场的刹车板被踩了一下,预示当前的市场趋势就结束了,然后市场转入平
静。有时,孕线也可能构成重大趋势变化的警告信号,尤其在它处于市场顶部的
情况下。

如果孕线中的子线是由一个十字线构成,则称为十字孕线。十字孕线的技术意
义比普通孕线重要得多。一般孕线不构成主要的反转形态,但十字孕线恰好是一种
主要的反转形态。

冀动装备(000856)在 2017 年 5 月 15 日暴涨后的高位处形成孕线,其后盘整下
跌,见图 2-24。

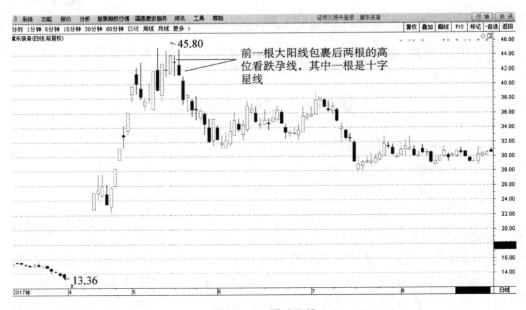

图 2-24　看跌孕线

福星科技(000926)在2015年5月7日和8日在上涨中的回档处形成了一个看涨孕线,其后一个交易日大幅跳空高走,其后涨速加快,见图2-25。

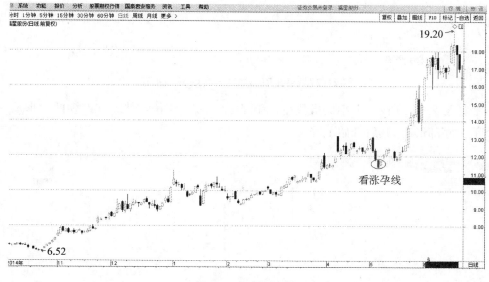

图2-25　看涨孕线

二、平头顶部形态和平头底部形态

平头顶部和底部形态由两根具有相同最高价或最低价的K线构成。在上升的市场中,当几根K线的最高点不相上下时,就形成了一个平头顶部形态(见图2-26左边)。在下降的市场上,当几根K线的最低点基本一致时,就形成了一个平头底部形态(见图2-26右边)。平头形态既可以由实体构成,也可以由影线或者十字线构成。平头形态既可以由相邻的K线组成,也可以由相隔较近的K线组成。不过,在这种情况下,它通常不能成为一个决定性的反转形态。构成平头形态的蜡烛线也可能相距甚远,并且其中间夹着较长期的市场变化:或者在平头形态之内,同时包含着其他看跌的K图因素(在构成顶部反转信号时,见图2-27),或者同时包含着其他看涨的K线图因素(在构成底部反转信号时)。在这样的情况下,平头形态就多了一些额外的技术分量,从而增强信号的可靠性。

平头顶部形态　　　　　　　　平头底部形态

图2-26　平头形态

平头顶部形态以
及十字孕线形态

平头顶部形态
以及上吊线

平头顶部形态
以及流星线形态

图 2-27　平头顶部加其他看跌 K 线形态

如图 2-28 所示,中小板指数在 2016 年 2 月 29 日和 3 月 1 日连续两天形成一个平头底部形态,其后开始上涨。

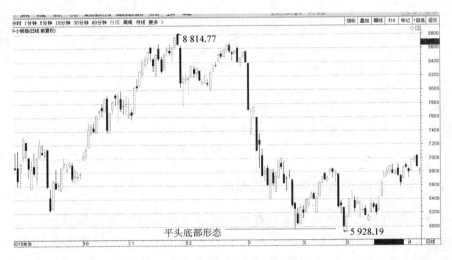

图 2-28　平头底部形态

如图 2-29 所示,中小板指数在 2014 年 2 月 18 日至 20 日连续三天的最高价在 5 426.09,形成平头顶部形态,其后快速下跌。

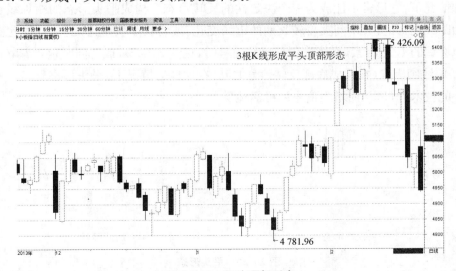

图 2-29　平头顶部形态

三、捉腰带线

捉腰带形态是由单独一根K线构成的,既可能具有看涨的意义,也可能具有看跌的意义。看涨捉腰带形态是一根坚挺的白色K线,其开盘价位于当日最低点(或者这根K线只有极短的下影线),然后市场一路上扬。看涨捉腰带线又称为开盘秃脚阳线(见图2-30左边)。如果市场处于低价区域,出现了一根长长的看涨捉腰带线,则预示上冲行情的到来,看跌捉腰带形态(如图2-30右边)是一根长长的黑色K线,它的开盘价位于当日的最高点(或者这根K线只有极短的上影线),然后市场一路下跌。在市场处于高价区域的条件下,看跌捉腰

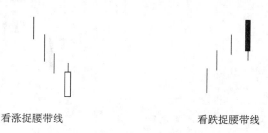

看涨捉腰带线　　　　　　　看跌捉腰带线

图 2-30　捉腰带线

带形态的出现构成顶部反转信号。看跌捉腰带线有时也称为开盘秃头阴线。

捉腰带形态实体长度愈长,则该形态的技术意义越重大。另外,如果捉腰带形态是在市场趋势已经发展了较长时间之后才出现的,那么捉腰带形态的意义也更加重要。提腰带形态的日文本名称来自相扑运动的一个术语:羚羊挂角。这个术语的意思是"抓着对手的腰带,将他推出圈外",如果市场收市于黑色的看跌捉腰带线之上,则意味着上升趋势已经恢复;如果市场收市于白色的看涨捉腰带线之下,则意味着市场的抛售压力重新积聚起来了。

如图2-31所示,沪深300指数在2014年3月21日走出看涨捉腰带线,当天的开盘价2 077.76就是阶段性低点,当天实体足够长,其后开始上涨。

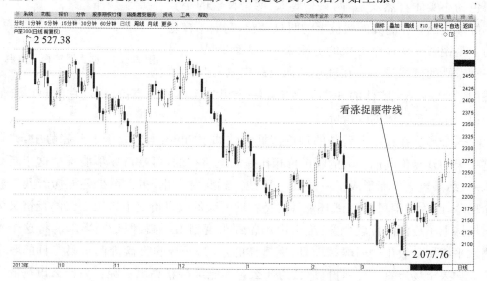

图 2-31　看涨捉腰带线形态

如图 2-32 所示,沪深 300 指数在 2007 年 11 月 1 日走出看跌捉腰带线,其后下跌。

图 2-32　看跌捉腰带线形态

四、向上跳空两只乌鸦

向上跳空指的是小黑色实体与它们之前的实体(即第一个小黑色实体之前的实体,通常是一根长长的白色实体)之间的价格跳空。在图 2-33 所示形态中,两个黑色的小实体自然就是"两只乌鸦"。两个黑色的小实体好像是栖立在高高的树枝上的两只乌鸦,它们不祥地向下凝视着。从这个形象的比喻来看,显而易见,这是一种看跌的价格形态。在理想的向上跳空两只乌鸦形

图 2-33　向上跳空两只乌鸦

态中,第二个黑色实体的开市价高于第一个黑色实体的开市价,并且它的收市价低于第一个黑色实体的收盘价。

这个形态在技术上看跌的理论依据大致如下:市场本来处于上升趋势中,并且这一天的开盘价同前一天的收市价相比是向上跳空的,可是市场不能维持这个新高水平,结果当天反而形成了一根黑色 K 线。到此时为止,多方至少还能捞着几根救命稻草,因为这根黑色 K 线还能够维持在前一天的收盘价之上。第三天的行情又为市场抹上了更深的疲软色彩:当天市场曾经再度创出新高,但是同样未能将这个新高水平维持到收市的时候。而且,更糟糕的是,第三日的收盘价低于第二日的收盘价。如果市场果真如此坚挺,那么为什么它不能维持新高水平呢?为什么市场的收市价下降了呢?这时候,多方心中恐怕正在惴惴不安地盘算着这些问题。思来想

去,结论往往是,市场不如自己当初指望的那样坚挺。如果次日(也就是指第四天)市场还是不能拿下前面的制高点,那么,我们可以想见,将会出现更低的价格。

如图2-34所示,沪深300指数在2016年4月14日和15日两天形成两只乌鸦走势,其后开始下跌。

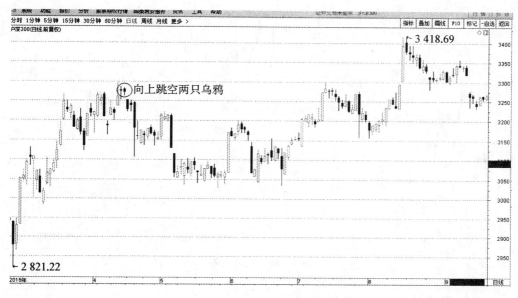

图2-34　两只乌鸦

五、三只乌鸦

在向上跳空两只乌鸦形态中,包含了两根黑色K线。如果在类似的形态中,连续出现了三根依次下降的黑色K线,则构成了所谓的三只乌鸦形态(见图2-35)。如果三只乌鸦形态出现在高价格水平上,或者出现在经历了充分发展的上涨行情中,就预示着价格即将下跌。有的时候,三只乌鸦形态又称作三翅乌鸦形态。日本有句俗语:"好事不出门,坏事长翅膀。"拿这句话来形容这种"三只翅膀"的乌鸦那是再恰当不过了。正如该形态的名称所示,三只乌鸦指的就是这三

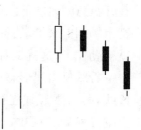

图2-35　三只乌鸦

根黑色的K线。这三根黑色K线勾勒出了这么一幅不祥的景象:一群乌鸦栖落在一棵枯朽的大树上。因此,三只乌鸦形态具有看跌的意味。从外形上说,这三根黑色K线的收盘价都应当处于其最低点,或者接近其最低点,每根黑色K线的开市价也都应该处于前一个实体的范围之内。另外,分析者可能还希望"三只乌鸦"中的第一根黑色K线的实体居于它之前的那根白色K线的最高点以下。

如图 2-36 所示,沪深 300 指数在 2013 年 9 月 13 日、16 日和 17 日三天形成三只乌鸦走势,其后开始下跌。

图 2-36　三只乌鸦

六、反击线形态(约会线形态)

当两根颜色相反的 K 线具有相同的收盘价时,就形成了一个反击线(也称为约会形态)。在一个下降趋势中,第一根 K 线是一根长长的黑色 K 线,第二根 K 线先在开盘急剧地向下跳空。到此位置,空方觉得信心十足,但是马上多方发动了反攻,把市场推上来了,使价格重新回到前一根 K 线收盘价的水平。于是先前的下跌趋势就被勒住了,这就是看涨反击线形态(见图 2-37 左边)。

看跌反击线形态正好相反,在一个上升趋势中,第一根 K 线是一根长长的白色 K 线,第二根 K 线先在开盘急剧地向上跳空。到此位置,多方觉得信心十足,但是马上空方发动了反攻,把市场压下来了,使价格重新回到前一根 K 线收盘价的水平。于是先前的上涨趋势就被勒住了(见图 2-37 右边)。

看涨反击线形态　　　　　　　看跌反击线形态

图 2-37　反击线形态

如图 2－38 所示，沪深 300 指数在 2011 年 8 月 8 日和 9 日两天形成看涨反击线，其后开始反弹。

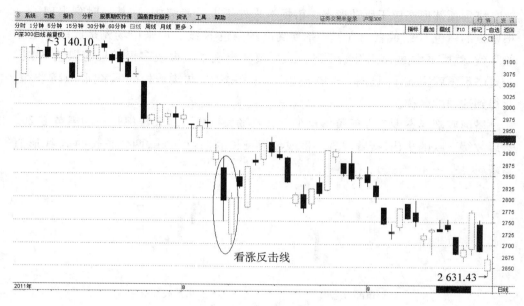

图 2－38　看涨反击线形态

如图 2－39 所示，同花顺（300033）2014 年 12 月 5 日在连续暴涨后做出看跌反击形态，其后三天大跌。

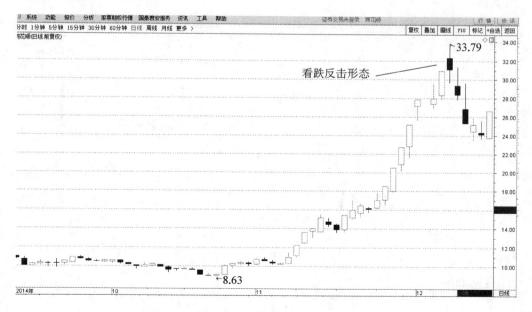

图 2－39　看跌反击线形态

七、塔形顶部形态和塔形底部形态

塔形顶部形态属于反转形态。市场本来处于上升趋势中,在某一时刻出现了一根坚挺的白色K线或者出现了一系列高高的白色K线。后来市场先是放缓了上涨的步伐,然后K线的高点开始下降。最后市场出现了一根或多根长长的黑色K线,于是塔形顶就完成了(见图2-40左边)。本形态中,两侧长长的K线形似高塔,因此得到这样的名称。

塔形底部形态发生在低价格水平上。市场先形成一根或数根长长的黑色K线,然后放缓下跌的步伐,接着出现一根或数根长长的白色K线,两侧长长的K线形似高塔(见图2-40右边)。

塔形顶部形态　　　　　　　　　塔形底部形态

图2-40　塔形形态

如图2-41所示,沪深300指数在2018年1月15日左右走出塔形顶部,其后快速下跌。

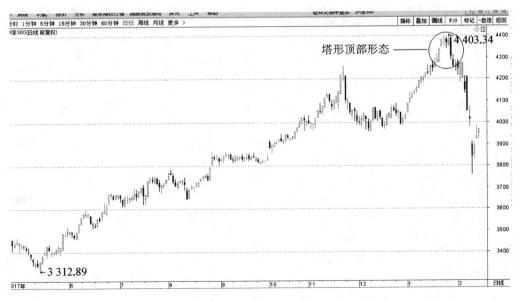

图2-41　塔形顶

如图2-42所示,沪深300指数在2013年1月15日左右走出塔形顶部,具体2012年11月26日至28日三天快速下跌形成塔形底的左侧,后面四天跌幅减缓,12

月 5 日一根长阳拔地而起形成塔形底部的右侧,其后快速上涨。

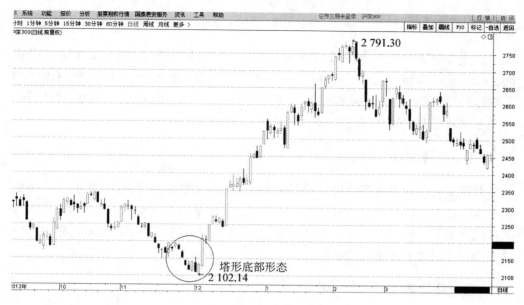

图 2－42 塔形底

第四节 持续形态

绝大多数 K 线图信号属于反转信号,不过还是有一群 K 线形态属于持续性技术形态,在这类持续性形态中,大多意味着市场正在休整阶段,需要喘息一下,然后市场将恢复先前的趋势。

一、跳空缺口

向上的价格跳空是指后一根 K 线的最低点和前一根 K 线的最高点之间有一定的空隙,这个空隙叫作跳空缺口;向下的价格跳空是指后一根 K 线的最高点和前一根 K 线的最低点之间有一定的空隙,这个空隙叫作跳空缺口,见图 2－43。

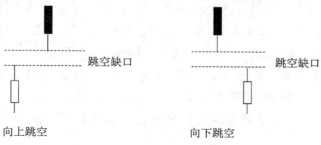

图 2－43 跳空缺口

跳空缺口可以分为如下几类。

（一）普通缺口

对于普通缺口而言,经常出现在波动范围不大的整理形态中,当股价暂时出现跳空缺口后,一般都不会导致股价当时形态和趋势的明显改变,短时间内的走势仍是继续维持盘整的格局。从统计数据来看,这种缺口在3个交易日内都会被回补。但其余三种类型的缺口,则各有不同的特点。

（二）突破缺口

突破缺口一般出现在股价打破盘局的初期,当突破缺口出现后,股价会迅速脱离整理状态或当时的成交密集区,一般情况下,突破缺口在3个交易日内,甚至在较长时间内都不会被轻易回补。在股指或股价有明显的趋势特征后,常常在趋势的中途出现跳空现象而形成持续缺口。

（三）持续缺口

持续缺口的重要特征是经常出现在行情的加速过程中,同时较少有密集成交形态相伴随。由于持续缺口对行情有助长助跌的作用,因此也一样不会被轻易回补。投资者应该注意的是如果此前已有突破缺口出现,在极端的情况下有时会产生2个以上的持续缺口。

（四）衰竭缺口

当趋势行情即将接近尾声时,由于有多方力量的集中消耗性释放或空方的恐慌性抛售,因而会出现衰竭缺口。但衰竭缺口与上述的突破缺口和持续缺口不同,一般很快会在短时间内被回补,同时也常伴随原有市场趋势的结束和一个新的整理形态的开始。

这四种缺口如图2-44所示。

技术分析师的观点是交易者应该顺着跳空的方向建立头寸,而且缺口还演化为未来行情的支撑和阻力。如果在上升趋势中出现向上跳空缺口,就应该顺着上升趋势建立多头,而且后来如果行情向下回撤,该缺口就会形成底部支撑。传统技术分析认为缺口形成后行情如果回调,就会回到该缺口处。换言之,市场可能回头试探一个打开的缺口。因此,在一个上升趋势中,市场回调到前面的缺口处,我们依据其支撑效果买入,如果买入后市场抛压仍然不消退,就应当止损,甚至考虑建立空头头寸。如果是在下降趋势中出现缺口,就应当采取上述相反的操作。

日本技术分析师认为盘整区域突破和创新高或新低后的跳空应当值得特别关注。

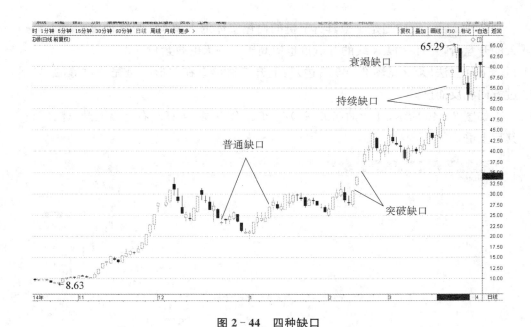

图 2 - 44　四种缺口

二、上升三法和下降三法

所谓三法形态(见图 2 - 45),包括看涨的上升三法,以及看跌的下降三法。这两类形态均属于持续形态,上升三法形态(见图 2 - 45 左边)的判别标准,包括以下几个方面:

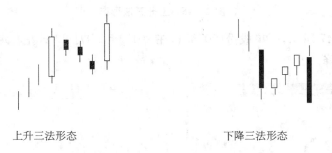

上升三法形态　　　　　　　下降三法形态

图 2 - 45　三法形态

(1) 首先出现的是一根长长的白色 K 线。

(2) 在这根白色 K 线之后,紧跟着一群依次下降的小实体 K 线。这群小实体 K 线的理想的数目是 3 根,但是如果比 3 根再多一二根,也是可以接受的。条件是这群小实体 K 线基本上都局限在前面那根长长的白色 K 线的价格范围之内。我们不妨做这样的理解:由于这群较小的 K 线均处于第一天的价格范围之内,它们与最前面的长 K 线一道构成了一种类似于三日孕线形态的价格形态(在本形态中所谓处于最前面的 K 线的价格范围之内,指的是这群小 K 线均处于该 K 线的上下影线的范围之内;而在真正的孕线形态中,仅仅是小 K 线的实体包含在前面那根 K 线的实体之内)。小 K 线既可以是白色的,也可以是黑色的,不过黑色 K 线最常见。

（3）最后一天应当是一根具有坚挺的白色实体的 K 线，它的收盘价要高于第一天的开盘价，并且这根 K 线的开盘价也应高于前一天的收盘价。

下降三法形态（见图 2－45 右边）与上升三法形态在图形上是完全对等的，只不过方向相反而已。

如图 2－46 所示，比亚迪（002594）在 2017 年 9 月 14 日左右走出上升三法形态，其后上涨。

图 2－46　上升三法形态

如图 2－47 所示，福星股份（002651）在 2017 年 11 月 30 日左右走出下降三法线形态，其后下降。

图 2－47　下降三法形态

三、分手 K 线形态

反击线形态是一种两 K 线形态,前后两根 K 线颜色相反,并且后一根 K 线的收市价与前一根的收市价处于同一水平。这一形态属于反转信号。如图 2 - 48 所示,分手线形态也是由两根颜色相反的 K 线组成的,但是同反击线形态不同的是,分手线形态的两根 K 线具有相同的开市价。分手 K 线形态属于持续信号。

看涨分手线形态　　　　　　　　　　　　看跌分手线形态

图 2 - 48　分手线形态

在市场上涨的过程中,如果出现了一个黑色实体(尤其是出现相对较长的黑色实体时),对于持有多头的市场参与者来说,可能成为一块心病。他们满腹狐疑:"空方或许正在争得主动权?"无论如何,如果下一天开市时市场向上跳空,开盘价回到了前一根黑色 K 线的开市价的水平,就说明熊方已经失去了对市场的控制。如果后面这根白色 K 线进一步向上收市在较高的水平,则说明牛方已经重新执掌大权。看跌的分手线与上述形态完全对应,但方向相反,一般认为,这类形态属于看跌的持续形态。

如图 2 - 49 所示,上证 2018 年 2 月 5 日和 6 日形成一个看跌分手线形态。

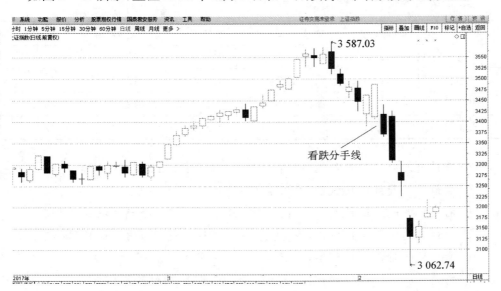

图 2 - 49　看跌分手线

如图 2-50 所示,扬子新材(002652)在 2017 年 10 月 19 日走出一个不是非常标准的看涨分手线,其后恢复上涨。

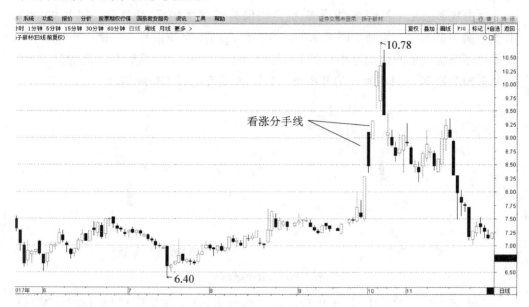

图 2-50　看涨分手线

━━━● 思考与习题 ●━━━

1. 根据下表列出的数据,绘制出某股票的五天 K 线图。

	星期一	星期二	星期三	星期四	星期五
开盘价	12.24	11.85	12.48	12.44	12.47
收盘价	12.02	12.47	12.43	12.45	13.18
最高价	12.40	12.62	12.57	12.77	13.26
最低价	11.96	11.80	12.28	12.36	12.45

2. 看最近的股票日 K 线图,找出至少一个锤子线和上吊线。

3. 看最近的股票日 K 线图,找出至少一个吞没 K 线形态。

4. 看最近的股票日 K 线图,找出至少一个乌云盖顶和曙光初现 K 线形态。

5. 看最近的股票日 K 线图,找出至少一个黄昏之星和启明之星 K 线形态。

6. 看最近的股票日 K 线图,找出至少一个流星和倒锤子 K 线形态。

7. 看最近的股票日 K 线图,找出至少一个孕线 K 线形态。

8. 看最近的股票日 K 线图,找出至少一个平头 K 线形态。

9. 看最近的股票日 K 线图,找出至少一个捉腰带线形态。

10. 看最近的股票日 K 线图,找出至少一个两只乌鸦 K 线形态。

11. 看最近的股票日 K 线图,找出至少一个三只乌鸦 K 线形态。

12. 看最近的股票日 K 线图,找出至少一个反击线 K 线形态。

13. 看最近的股票日 K 线图,找出至少一个塔形 K 线形态。

14. 看最近的股票日 K 线图,找出至少一个突破缺口 K 线形态。

15. 看最近的股票日 K 线图,找出至少一个持续缺口 K 线形态。

16. 看最近的股票日 K 线图,找出至少一个衰竭缺口 K 线形态。

17. 看最近的股票日 K 线图,找出至少一个三法线 K 线形态。

18. 看最近的股票日 K 线图,找出至少一个分手 K 线形态。

第三章　切线分析

◗▷ 学习提示

切线分析是在 K 线图上通过画各种的直线来辅助判断证券价格接下来最可能的运动方向的一种分析方法。该方法简单易学。需要注意的是判断该种方法是否有效不能通过数量很少的案例来证明，而是需要大量案例的统计表现来评判。

◗▷ 内容提要

本章分为三节，在第一节趋势分析中对趋势的定义、方向、规模、画法、作用、突破等方面做了全面的介绍；第二节对切线分析中经常使用的支撑和阻挡进行了详细的分析和介绍；在第三节其他切线分析中选取常用的通道线、百分比回撤和速度阻挡线三种切线分析方法进行介绍。

◗▷ 学习目标

掌握趋势线的画法和使用；掌握支撑和阻力产生的心理学原因；了解通道线、百分比回撤、速度阻力线的画法和使用。

第一节　趋势分析

一、趋势的定义

（一）上升趋势

一系列依次上升的峰和谷构成上升趋势。

（二）下降趋势

一系列依次下降的峰和谷构成下降趋势。

（三）盘整

一系列的峰和谷横向延伸。

二、趋势的三种方向

（一）上升趋势

上升趋势如图 3-1 所示。

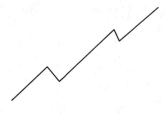

图 3-1　上升趋势

（二）下降趋势

下降趋势如图 3-2 所示。

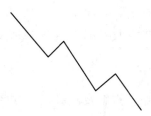

图 3-2　下降趋势

（三）盘整或者无趋势

盘整或者无趋势如图 3-3 所示。

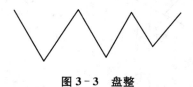

图 3-3　盘整

三、趋势的三种规模

（一）主要趋势（长期趋势）

主要趋势指持续时间较长的趋势。持续时间到底多长才叫作主要趋势没有精确的定义,股票一般将持续一年以上的趋势叫作主要趋势;期货的主要趋势可能要短一些,而且不同的使用者可以有不同的长、中、短趋势的时间界定。

(二)次要趋势(中期趋势)

次要趋势指持续时间中等的趋势。数段次要趋势构成主要趋势。股票上,一般将持续时间在三个星期到一年的趋势叫作次要趋势。

(三)短暂趋势(短期趋势)

短暂趋势指持续时间较短的趋势。股票上,一般将三个星期以下的趋势叫作短暂趋势。

四、趋势线的画法

(一)前提

肯定趋势的存在。

(二)试验趋势线

(1)上升趋势线:在价格曲线下部,把两个明显向下的低点相连成一条直线。
(2)下降趋势线:在价格曲线上部,把两个明显向上的高点相连成一条直线。

(三)有效趋势线

两点相连成一直线,当有第三点触及趋势线,并继续顺延原趋势方向后,表明该趋势线是有效的。

上升趋势线画法见图3-4;下降趋势线画法见图3-5。

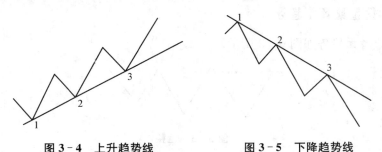

图3-4　上升趋势线　　　　图3-5　下降趋势线

五、趋势线的作用

(一)对股价今后的变动起约束作用

上升趋势线对证券价格起支撑作用;下降趋势线起阻挡作用。

（二）趋势线被突破后,可能是较早的反转信号

趋势线被突破往往是趋势停顿或者是反转的较早信号。

（三）可作为买卖操作的依据

（1）买入依据:上升趋势中,价格回落至趋势线,在确定支撑有效后;或下降趋势线被有效突破后。

（2）卖出依据:上升趋势线被有效突破;或下降趋势中,价格反弹至趋势线遇阻回落时。

六、趋势线的重要程度

（1）趋势线被触及次数越多越重要。
（2）趋势线延续的时间越长越有效。

七、趋势线的突破

（一）有效突破

（1）收盘价比日内价的突破重要。
（2）突破后距离越远越有效。
（3）突破后在另一方停留的时间越长越有效。

（二）趋势线被有效突破后,支撑与阻挡的角色发生转换

即上升趋势线被突破后,其支撑意义转为阻挡意义;下降趋势线的突破意义相反。上升趋势突破后趋势线由支撑作用转为阻挡,见图 3-6;下降趋势突破后趋势线由阻挡作用转为支撑,见图 3-7。

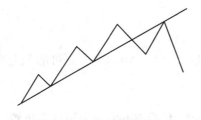 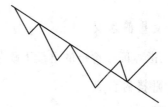

图 3-6　上升趋势线被突破　　　图 3-7　下降趋势线被突破

八、趋势线的应用调整

（一）趋势线的倾斜角度

（1）趋势线陡峭,表明价格上升（或下降）过快,不能持久,会出现调整,使上升

(或下降)趋于缓和。

(2) 趋势线平缓,表明价格趋势较弱,其可靠程度相对较低,趋势的持续性较弱。

(3) 最佳上升角度为 45 度。

(二)趋势线的修正

1. 修正的意义

(1) 修正不是更换,原趋势线仍有效。

(2) 因趋势的加速或减缓,为了追踪价格趋势的变化而修正趋势线。

2. 如何修正

(1) 陡峭趋势线的修正:价格上升(或下降)过快就不能持久,陡峭趋势线被突破后,以回落的低点(或反弹高点)为基础修正,见图 3 - 8。

(2) 缓慢趋势线的修正:趋势加速后,远离原趋势线,以回落的低点(或反弹的高点)为基础修正,见图 3 - 9。

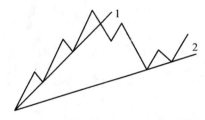
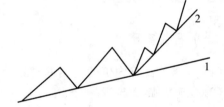

图 3 - 8　陡峭趋势的修正　　　　图 3 - 9　缓慢趋势线的修正

第二节　支撑和阻挡

一、支撑和阻挡的含义

(一)支撑的含义

支撑是指对证券价格的继续下跌起阻挡作用,后市的发展更可能是上涨。

(二)阻挡的含义

阻挡是对证券价格的继续上涨起阻挡作用,后市的发展更可能是下跌。

二、支撑和阻挡的形成分类

(一)前期高低点形成的水平支撑与阻挡

1. 前期高点容易形成阻挡

当前期高点形成之后,行情先下跌然后再次上涨接近前期高点之时会对市场参与者的心理造成比较大的影响。原先在前期高点附近买入的人,先经历了下跌的痛苦,当证券的市场价格接近自己的成本价的时候,他们因为害怕失去解套的机会,会选择在前高附近,在自己的成本价处卖出;原来在高点附近卖出的人会有一部分觉得是卖出机会再次来临,会依据前高附近相同的理由再次卖出或者加仓卖出;观望的投资者会对最近一个前期高点形成的先涨后跌的走势给予更多的关注,所以大多数的观望投资者会觉得行情会继续重复前面的故事而选择卖出。综上所述,在前期高点处卖出的人可能会比买入的人多和迫切。所以这个前期高点就容易形成阻挡,见图3-10。

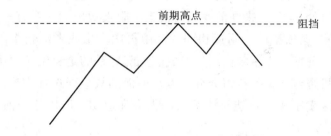

图 3-10　前期高点形成阻挡

2. 前期低点容易形成支撑

当前期低点形成之后,行情先上涨然后再次下跌接近前期低点之时会对市场参与者的心理造成比较大的影响。原先在前期低点附近买入的人,先经历了上涨的喜悦,当证券的市场价格接近自己的成本价的时候,他们会在前面上涨时候觉得买少了,现在成本更低了,他们可能会加仓一部分;原来在低点附近卖出的刚开始就痛苦,现在行情给他们改正错误的机会,他们中有很多会在自己的成本价附近买入平仓;观望的投资者会对最近一个前期低点形成的先跌后涨的走势给予更多的关注,所以大多数的观望投资者会觉得行情会继续重复前面的故事而选择买入。综上所述,在前期低点处买入的人可能会比卖出的人多和迫切。所以这个前期低点就容易形成支撑,见图3-11。

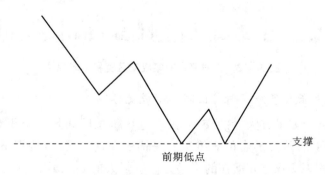

图 3-11　前期低点形成支撑

（二）成交密集区形成的支撑与阻挡

1. 前期相对高位的成交密集区容易形成阻挡

前期相对高位如果有大量的交易，说明这个价位区间是一个相对敏感区域，而且离现在的时间较近，交易者的思维很容易锚定在这个区域，特别是这个区域的最高点会对证券的买卖双方和潜在的买卖方产生强大的心理影响。具体分析：原先在前期成交密集区域附近买入的人，先经历了下跌的痛苦，当证券的市场价格接近自己的成本价的时候，他们因为害怕失去解套的机会，会选择在前期成交密集区附近，在自己的成本价处卖出；原来在前期成交密集区附近卖出的人会有一部分觉得是卖出机会再次来临，会依据前高附近相同的理由再次卖出或者加仓卖出；观望的投资者会对最近一个前期成交密集区高点形成的先涨后跌的走势给予更多的关注，所以大多数的观望投资者会觉得行情会继续重复前面的故事而选择卖出。综上所述，在前期成交密集区卖出的人可能会比买入的人多和迫切。所以这个前期高点就容易形成阻挡，见图3-12。

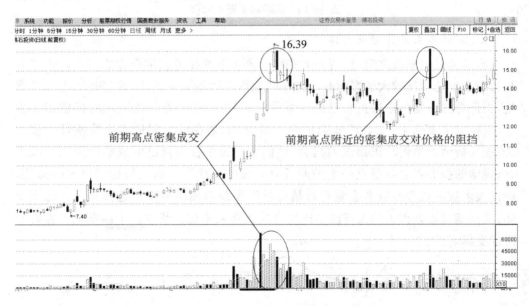

图3-12 相对高点密集成交区容易形成阻挡

2. 前期相对低位的成交密集区容易形成支撑

前期相对低位如果有大量的交易，说明这个价位区间是一个相对敏感区域，而且离现在的时间较近，交易者的思维很容易锚定在这个区域，特别是这个区域的最低点会对证券的买卖双方和潜在的买卖方产生强大的心理影响。具体分析：原先在相对低位的成交密集区附近买入的人，先经历了上涨的喜悦，当证券的市场价格接近自己的成本价的时候，他们会在前面上涨时候觉得买少了，现在成本更低了，他们可能会加仓一部分;原来在相对低位的成交密集区附近卖出的刚开始就痛苦,现在行情给他们改正错误的机会,他们很多会在自己的成本价附近买入平仓;观望的投资者会对最近一个相对低位的成交密集区形成的先跌后涨的走势给予更多的关注,所以大多数的观望投资者会觉得行情会继续重复前面的故事而选择买入。综上所述,在相对低位的成交密集区买入的人可能会比卖出的人多和迫切。所以这个相对低位的成交密集区就容易形成支撑,见图 3-13。

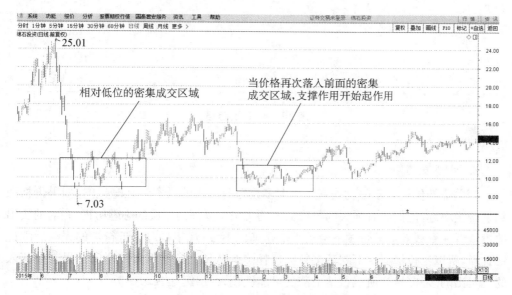

图 3-13 相对低点密集成交区容易形成支撑

(三) 重要均线形成的支撑和阻挡

均线可以看作是市场的平均持仓成本线。例如,5 日平均可以看作是市场 5 天的平均持仓成本。当前价格是高于平均线,还是低于平均线,还是接近,会对市场交易者的心里产生不同的刺激。

1. 均线阻挡

当前证券价格低于平均线就反映大多数先前买入的投资者是亏钱的,如果价格回到平均线附近,他们就有强大的卖出动机来结束前面不愉快的心理历程;先前的卖出的投资者在赚钱效应的带领下会有一部分继续加仓卖出;观望者对最近行情的先涨后跌记忆犹新,所以当行情再次上涨后多数会选择空头队伍。这些因素综合的结果就是卖出的比买入的多和急迫,所以行情下跌的可能性较大,示例见图 3-14。

图 3-14　均线阻挡

2. 均线支撑

当前证券价格高于平均线就反映大多数先前买入的投资者是赚钱的,如果价格回到平均线附近,他们就有强大的再次买入动机来重复前面愉快的心理历程;先前的卖出的投资者在亏钱效应的带领下会买入平仓确保不亏;观望者对最近行情的先跌后涨记忆犹新,所以当行情再次下跌后多数会选择多头队伍。这些因素综合的结果就是买入的比卖出的多和急迫,所以行情上涨的可能性较大,示例见图 3-15。

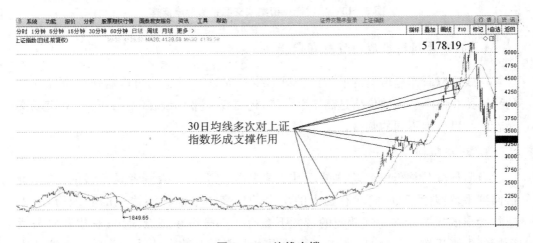

图 3-15　均线支撑

(四)重要价格位

对于证券而言有一些价格位是比较重要的,这些重要价格包括:
(1)历史最高最低价。

（2）阶段性的最高最低价。

（3）整数关口。

股票如 10 元、50 元、100 元、200 元；指数如 1 000 点、1 500 点、2 000 点、5 000 点、10 000 点。

当证券价格再次运行到这些重要价格位的时候，市场投资者的情绪波动就比较大，就容易在这些重要位置形成支撑或阻挡。

如图 3-16 所示，上证指数通过 5 年的熊市最终在 2005 年 6 月 6 日盘中达到 998 的最低点后，开始为期 2 年上涨 6 倍的大牛市。历史性低点恰好就在 1 000 点整数位。

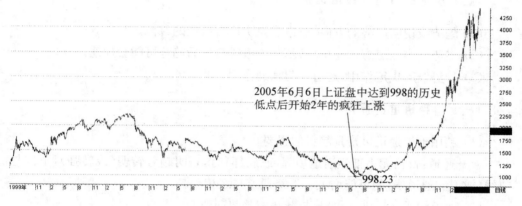

图 3-16　整数支撑位

第三节　其他切线分析

一、通道线

（一）通道线的画法

（1）在趋势线的基础上，于价格曲线的另一端的突出点做出与趋势线平行的直线，即为通道线。

（2）验证：如有价格试探至通道线上说明通道有效，其重要程度与趋势线的重要程度判别标准相同。

上升通道线见图 3-17；下降通道见图 3-18。

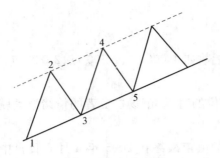
图 3‑17　上升通道

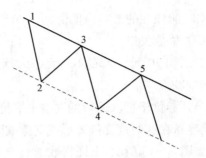
图 3‑18　下降通道

（二）通道线与趋势线的区别

（1）趋势线说明趋势的方向,通道线说明价格区域的目标。

（2）趋势线突破后意味着市场转向,通道线突破后趋势可能会加速。

（3）趋势线起决定作用,通道线起辅助作用。

（三）趋势通道的应用

（1）利用价格通道可辨别趋势的强弱。

上升通道:价格无力抵达通道顶部(或底部)时,表明趋势转弱(或转强),下破趋势线(或上破通道线)的可能增大。下降通道与之相反。

（2）通道线买卖法则(适合比较陡峭的趋势通道)。

上升趋势:一买三卖法则(见图 3‑19)。

买入:价格回落至趋势线时。

卖出:价格突破趋势线;价格抵达通道线;价格向上突破通道线。

下降趋势:一卖三买法则(见图 3‑20)。

卖出:价格反弹至趋势线时。

买入:价格突破下降趋势线;价格抵达通道线;价格向下突破通道线。

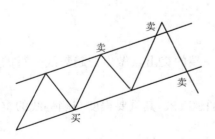
图 3‑19　上升通道中的一买三卖

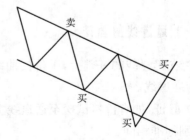
图 3‑20　下降通道中的一卖三买

如图 3‑21 所示,宝通科技(300031)从 2016 年 11 月 16 日开始到 2018 年 2 月 10 日走出一个完美的下降通道。当行情走到 3 点再往下走就可以依据这三个点画出下降通道,之后的行情走势显示图中出现了 3 个下轨的支撑买入信号,出现了一个上轨卖出信号。

图 3 - 21 下降通道中的买卖点

（四）通道线的修正

根据趋势的加速或减缓，对趋势线修正后即可修正相应的通道线。需要注意的是，并非所有价格运动都有通道。

图 3 - 22 是上升通道修正示意图；图 3 - 23 是下降通道示意图。

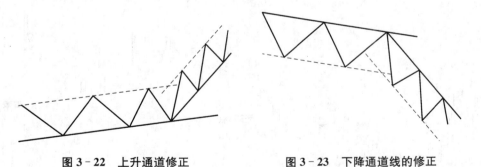

图 3 - 22 上升通道修正　　　　图 3 - 23 下降通道线的修正

二、百分比回撤

趋势的运行特征是曲折反复，上升趋势运行到一定价位就会回撤，这类回撤往往会在先前上涨距离的一定百分比位置打住，然后开始恢复上涨走势并创新高。投资者发现 50％的回撤是一种常见的现象，另外回撤较小的 33％位和较大的 66％位也比较常见。例如，股票从 100 上涨到 200 开始回撤，容易在回撤较小的 1/3 位（200－100×1/3＝167）或者中等回撤 1/2 位（200－100×1/2＝150）或者回撤较大的 2/3 位(200－100×2/3＝133)这三个位置打住然后恢复上涨趋势,见图 3－24。下跌趋势中的常用百分比回撤见图 3－25。

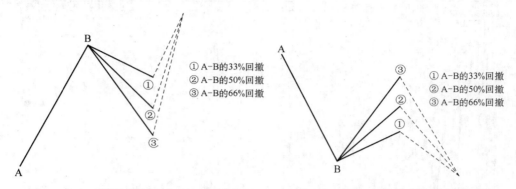

图 3-24　上涨趋势中常用百分比回撤位　　图 3-25　下降趋势中常用百分比回撤

有人认为黄金分割率也比较重要,最小回撤位为 38％,中间为 50％,最大回撤位为 62％。

如图 3－26 所示,上证指数从 2017 年 5 月 10 日收盘 3 052 点,然后一路上涨,到 2017 年 11 月 13 日这波趋势高点收盘 2 448 点,本次上涨 398 点。回撤从 2017 年 11 月 13 日开始到 2017 年 12 月 15 日的回撤最低点 3 266 点,一共下跌 182 点,下跌幅度为 182/398＝45.7％,接近 50％。

图 3-26　上涨趋势中的 50％回撤

三、速度阻挡线

一种将趋势线和百分比回撤融为一体的新技巧就是速度线。它是埃德森·古尔德开创的,实质上也属于趋势三分法的具体应用。它与百分比回撤概念的最大的差别在于,速度阻挡线(或称速度线)测绘的是趋势上升或下降的速率(或者说是趋势的速度)。

在做牛市速度线的时候,首先要找到当前上升趋势的最高点(见图3-27)。在图表上,从这个最高点开始,向下做一条垂直线,直达趋势起点所在的水平位置。然后把所得的竖直线段三等分。通过趋势起点以及上述两个三等分点,我们可以做出两条趋势线,它们分别代表2/3速度线和1/3速度线。在下降趋势中,只要把上述程序相应地调整一下即可。也是先做出从下降趋势的最低点到趋势起点的水平位置的垂直线段,然后从趋势起点起,通过该线段的三等分点分别做出两条直线(见图3-28)。

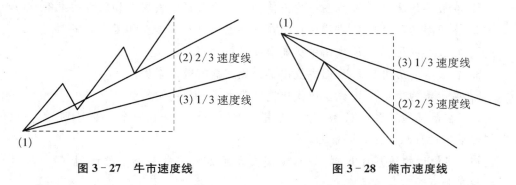

图3-27 牛市速度线   图3-28 熊市速度线

如图3-29所示,上证在2015年6月12日达到高点5 178点后开始快速下跌到2015年7月9日的最低点3 373点,对这波下跌做三等分,画出1/3和2/3速度线,可以发现1/3速度线对这波下跌的回抽在2017年7月24日的最高点形成了一个有效的阻挡。

图3-29 熊市速度线

思考与习题

1. 对上证指数的日线级别找出一段上升趋势线和下跌趋势线,并在 K 线图上画出来。

2. 对上证指数的日线级别找出一段上升趋势线和下跌趋势线被突破的情况,并在 K 线图上画出来。

3. 在股票的历史日 K 线图中找出前期高位形成压力的案例。

4. 在股票的历史日 K 线图中找出前期低位形成支撑的案例。

5. 在股票的历史日 K 线图中找出前期成交密集区形成支撑和压力的案例。

6. 在股票的历史日 K 线图中找出前期整数关口形成支撑和压力的案例。

7. 在股票的历史日 K 线图中找通道线有效的案例。

8. 在股票的历史日 K 线图中找出百分比回撤有效的案例。

9. 在股票的历史日 K 线图中找出速度阻力线有效的案例。

10. 在最近的股票日 K 线图中,使用趋势线分析方法做一个交易计划,等一段时间之后来验证该方法是否盈利。

11. 在最近的股票日 K 线图中,使用支撑阻力方法做一个交易计划,等一段时间之后来验证该方法是否盈利。

12. 在最近的股票日 K 线图中,使用通道线方法做一个交易计划,等一段时间之后来验证该方法是否盈利。

13. 在最近的股票日 K 线图中,使用百分比回撤方法做一个交易计划,等一段时间之后来验证该方法是否盈利。

14. 在最近的股票日 K 线图中,使用速度阻力线方法做一个交易计划,等一段时间之后来验证该方法是否盈利。

第四章 移动平均线

●●● ▶ 学习提示

移动平均线是一种非常重要的趋势追踪方法,许多机械趋势追踪交易系统就是依据均线来建模的,熟练地使用均线分析方法对于交易者判断趋势、追踪趋势、理解交易系统在不同交易背景下的不同表现有很大的帮助。

●●● ▶ 内容提要

本章对移动平均线技术分析方法做了详细的介绍:在第一节移动平均线的基础知识中,介绍了移动平均线的含义、分类和性质;在第二节移动平均线的使用,从单根均线和双均线两个角度对如何使用均线做了介绍。

●●● ▶ 学习目标

了解均线的不同类型;掌握葛兰维买卖八法;掌握单根均线的使用方法;掌握双均线的使用方法。

第一节 移动平均线的基础知识

一、移动平均线的含义

移动平均线(Moving Average,MA),是用统计分析的方法,将一定时期内的证券价格(指数)加以平均,并把不同时间的平均值连接起来,形成一根 MA,用以观察证券价格变动趋势的一种技术指标。

移动平均线是由著名的美国投资专家葛兰维于 20 世纪中期提出来的。均线理论是当今应用最普遍的技术指标之一,它帮助交易者确认现有趋势、判断新趋势的出现。

二、移动平均线的分类

（一）按照计算方式分

1. 简单移动平均线的计算

所谓移动平均，首先是算术平均数，如 1 到 10 十个数字，其平均数便是 5.5；而移动则意味着这十个数字的变动。假如第一组是 1 到 10，第二组变动成 2 到 11，第三组又变为 3 到 12，那么，这三组平均数各不相同。而这些不同的平均数的集合，便统称为移动平均数。

例如，某股连续十个交易日收盘价分别为（单位：元）：

8.15、8.07、8.84、8.10、8.40、9.10、9.20、9.10、8.95、8.70

以五天短期均线为例：

第五天均值＝（8.15＋8.07＋8.84＋8.10＋8.40）÷5＝8.31

第六天均值＝（8.07＋8.84＋8.10＋8.40＋9.10）÷5＝8.50

第七天均值＝（8.84＋8.10＋8.40＋9.10＋9.20）÷5＝8.73

第八天均值＝（8.10＋8.40＋9.20＋9.10）÷5＝8.78

第九天均值＝（8.40＋9.10＋9.20＋9.10＋8.95）÷5＝8.95

第十天均值＝（9.10＋9.20＋9.10＋8.95＋8.70）÷5＝9.01

2. 线性加权移动平均线的计算

简单算数平均将每一天的重要性视为一样，加权移动平均则认为时间越靠近的价格对后市的价格影响越大，所以应该对时间越近的价格赋予更高的权重，线性加权平均就是其中一种赋予权重的方法。以 10 天线性加权平均举例，先计算 1 加到 10 的总和为 55，第 1 天的权重为 1/55；第二天的权重为 2/55；第三天为 3/55，依次类推，第九天的权重为 9/55，第 10 天的权重为 10/55。这样的权重依次线性增加，所以称为线性加权，越靠近现在，价格的影响力就越大。

3. 指数加权平均线的计算

指数加权移动平均线是一种特殊的加权移动平均线。与一般的加权移动平均线一样，指数加权移动平均线也采取时间越近权重越大的方式。不过，与其他移动平均方法不同的是，在指数加权移动平均值的计算方法中，包括的不是一段数据，而是所有历史数据。在这种移动平均方法中，对全部历史价格数据分配了逐步减少的权重。每一个价格数据的权重都对后来的一个价格数据的权重按照指数形式递减，因此，这种方法就得到了所谓指数加权移动平均线的名称。

（二）按时间长短分

移动平均线的种类很多，但总的来说，可分为短期、中期、长期三种。

1. 短期移动平均线

短期移动平均线主要是 5 日和 10 日的。5 日的是将 5 天数字之和除以 5,求出一个平均数,标于图表上,然后类推计算后面的,再将平均数逐日连起,得到的便是 5 日平均线。由于上证所通常每周 5 个交易日,因而 5 日线亦称周线。

由于 5 日平均线起伏较大,震荡行情时该线形象极不规则,无轨迹可寻,因而诞生了 10 日平均线。此线取 10 日为样本,简单易算,为投资大众参考与使用最广泛的移动平均线。它能较为正确地反映短期内股价平均成本的变动情形与趋势,可作为短线进出的依据。

2. 中期移动平均线

第二类是中期移动平均线。首先是月线,采样为 24、25 或 26 日,该线能让使用者了解股价一个月的平均变动成本,对于中期投资而言,有效性较高,尤其在股市尚未十分明朗前,能预先显示股价未来变动方向。其次是 30 日移动平均线,取意仍是以月为基础,不过由于以 30 日为样,计算较前者简便。最后是季线,采样为 72、73 日或 75 日。由于其波动幅度较短期移动平均线平滑且有轨迹可寻,较长期移动平均线又敏感度高,因而优点明显。

3. 长期移动平均线

第三类是长期移动平均线,首先为半年线,采样 146 或 150 日,由于沪市上市公司一年分两次公布其财务报表,公司董、监事与某些消息灵通人士常可先取得这方面的第一手资料,进行炒作,投资者可借此获坐轿之利,不过由于沪市投机性浓厚,投资者注重短线差价利润,因而效果也打了点折扣。200 日移动平均线,是葛兰维专心研究与试验移动平均线系统后,着重推出的,但在国内运用不甚普遍。年线,取样 255 日左右,是超级大户、炒手们操作股票时参考的依据。

三、移动平均线的性质

(一)追踪趋势

注意价格的趋势并追随这个趋势,不轻易放弃是均线的特征。如果从股价的图表中能够找出上升或下降趋势线,那么,MA 的曲线将保持与趋势线方向一致,能消除中间股价在这个过程中出现的起伏。原始数据的股价图表不具备这个保持追踪趋势的特性。

(二)移动平均线滞后性

在股价原有趋势发生反转时,由于 MA 的追踪趋势的特性,MA 的行动往往过于迟缓,调头速度落后于大趋势。这是 MA 的一个极大的弱点。等 MA 发出反转信号时,股价调头的深度已经很大了。

(三) 移动平均线稳定性

通常愈长期的移动平均线,愈能表现稳定的特性,即移动平均线不轻易往上往下,必须股价涨势真正明朗了,移动平均线才会往上延伸,而且经常表现为股价开始回落之初,移动平均线却是向上的,等到股价下滑显著时,才见移动平均线走下坡,这是移动平均线最大的特色。愈短期的移动平均线,稳定性愈差,愈长期的移动平均线,稳定性愈强,但也因此使得移动平均线有延迟反应的特性。

(四) 移动平均线助涨助跌

当股价突破了 MA 时,无论是向上突破还是向下突破,股价有继续向突破方面再走一程的愿望,这就是 MA 的助涨助跌性。

股价从平均线下方向上突破,平均线也开始向右上方移动,可以看作是多头支撑线,股价回跌至平均线附近,自然会产生支撑力量,短期平均线向上移动速度较快,中长期平均线回上移动速度较慢,但都表示一定期间内平均成本增加,卖方力量若稍强于买方,股价回跌至平均线附近,便是买进时机,这是平均线的助涨功效,直到股价上升缓慢或回跌,平均线开始减速移动,股价再回至平均线附近,平均线失去助涨效能,将有重返平均线下方的趋势,最好不要买进。

反过来说,股价从平均线上方向下突破,平均线也开始向右下方移动,成为空头阻力线,股价回升至平均线附近,自然产生阻力,因此平均线往下走时股价回升至平均线附近便是卖出时机,平均线此时有助跌作用。直到股价下跌缓慢或回升,平均线开始减速移动,股价若再与平均线接近,平均线便失去助跌意义,将有重返平均线上方的趋向,不需急于卖出。

(五) 支撑线和压力线的特性

MA 的上述四个特性,使得它在股价走势中起支撑线和压力线的作用。

第二节　移动平均线的使用

一、单根均线的使用

(一) 一般性使用方法

1. 使用原则

一般性的使用方法是当证券价格从低于均线的地方向上穿过均线(也叫作金

叉)的时候买入；当证券价格从高于均线的地方向下穿过均线(也叫作死叉)的时候卖出。

2. 过滤原则

如果简单使用上述原则来进行交易,会发现很多失败的交易,因此采用一些过滤原则来提高正确性就有必要了。下面这些过滤原则是有作用的:

(1)穿越不仅要求收盘价,还要当天的全部价格停留在穿越一侧。

(2)证券价格对均线的穿越要有一定的幅度,这个幅度可以是某个百分比,比如1%至3%。比例设置越小保护性能就越差,比例设置越大则信号越迟缓。投资者需要根据自己的交易习惯来进行选择。

(3)一些稳健的投资者往往等待价格在移动平均线的一侧站稳三天才开始确认,这种确认大大提升了正确性,但也丧失了入场的价格优势。

(二)移动平均线和价格的背离使用方法

移动平均线由上升转为下降出现最高点,和由下降转为上升出现最低点时,是移动平均线的转折点,预示股价走势将发生反转。

(三)移动平均线与形态的相互验证

当移动平均线在底部出现双底形态或三重底形态,就是最佳买入时机。而当移动平均线在顶部出现双顶形态或三重顶形态,就是最佳卖出时机。

(四)葛兰维买卖八法

(1)移动平均线从下降逐渐走平且略向上方抬头,而股价从移动平均线下方向上方突破,为买进信号,见图4-1中的买点1。

(2)股价位于移动平均线之上运行,回档时未跌破移动平均线后又再度上升时为买进时机,见图4-1中的买点2。

(3)股价位于移动平均线之上运行,回档时跌破移动平均线,但短期移动平均线继续呈上升趋势,此时为买进时机,见图4-1中的买点3。

(4)股价位于移动平均线以下运行,突然暴跌,距离移动平均线太远,极有可能向移动平均线靠近(物极必反,下跌反弹),此时为买进时机,见图4-1中的买点4。

(5)股价位于移动平均线之上运行,连续数日大涨,离移动平均线愈来愈远,说明近期内购买股票者获利丰厚,随时都会产生获利回吐的卖压,应暂时卖出持股,见图4-1中的卖点4。

(6)移动平均线从上升逐渐走平,而股价从移动平均线上方向下跌破移动平均线时说明卖压渐重,应卖出所持股票,见图4-1中的卖点1。

(7)股价位于移动平均线下方运行,反弹时未突破移动平均线,且移动平均线跌势减缓,趋于水平后又出现下跌趋势,此时为卖出时机,见图4-1中的卖点2。

(8)股价反弹后在移动平均线上方徘徊,而移动平均线却继续下跌,宜卖出所持股票,见图4-1中的卖点3。

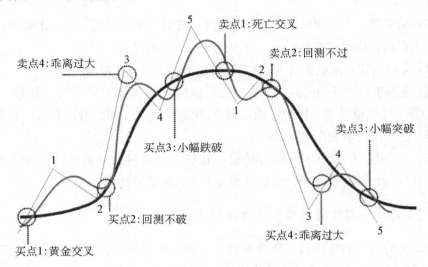

图4-1 葛兰维买卖八法

二、双均线的使用

采用一条移动平均线会出现频繁的拉锯现象,为了提高移动平均线的可信度和使用效率,通常选择两条甚至三条移动平均线组合使用。如果选择两条平均线,稍长时间的用来看趋势,稍短时间的用来选择买卖点,如5天和10天,10天和30天均是上类组合。

(一)双线交叉法

当短期移动平均线向上穿越长期移动平均线,发出黄金交叉,构成买入信号;反之,当短期移动平均线向下穿越长期移动平均线,发出死亡交叉,构成卖出信号。

(1)上升行情初期,短期移动平均线从下向上突破中长期移动平均线,形成的交叉叫黄金交叉。预示股价将上涨。

黄色的5日均线上穿紫色的10日均线形成的交叉,10日均线上穿绿色的30日均线形成的交叉,均为黄金交叉。

(2)当短期移动平均线向下跌破中长期移动平均线形成的交叉叫作死亡交叉。预示股价将下跌。

黄色的5日均线下穿紫色的10日均线形成的交叉,10日均线下穿绿色的30日均线形成的交叉,均为死亡交叉。

但是,不是所有的黄金交叉和死亡交叉都是进货点和出货点。原因是庄家有时会进行骗线。尤其是在上升途中或者下跌途中,庄家可能会进行震荡洗盘或震荡出货。此时，黄金交叉和死亡交叉所指示的买卖点是非常不可靠的。这种情况下，投资者应该小心。

（3）在上升行情进入稳定期，5 日、10 日、30 日移动平均线从上而下依次顺序排列，向右上方移动，称为多头排列。预示股价将大幅上涨。

（4）在下跌行情中，5 日、10 日、30 日移动平均线自下而上依次顺序排列，向右下方移动，称为空头排列。预示股价将大幅下跌。

（5）在上升行情中股价位于移动平均线之上，走多头排列的均线可视为多方的防线；当股价回档至移动平均线附近，各条移动平均线依次产生支撑力量，买盘入场推动股价再度上升，这就是移动平均线的助涨作用。

（6）在下跌行情中，股价在移动平均线的下方，呈空头排列的移动平均线可以视为空方的防线，当股价反弹到移动平均线附近时，便会遇到阻力，卖盘涌出，促使股价进一步下跌，这就是移动平均线的助跌作用。

（二）双线中性区

把两条移动平均线之间的区域设为中性区，当收盘价同时上穿两条平均线时才构成买入信号；当收盘价同时下穿两条平均线时才构成卖出信号；如果价格在两条平均线中间就耐心等待。

三、对均线的一些研究成果

均线分析方法简单易行，一度成为追踪趋势的主流分析方法，许多的交易者都在对均线进行研究，其中美林公司研究部门的结果最有借鉴意义。

美林公司研究部门的一篇文章《计算机能帮您做期货交易》发表在 1978 年的《商品年鉴》上，其中介绍了他们的部分成果。他们利用从 1970 年到 1976 年的 13 种商品的资料，按交易月对移动平均线法进行了测试。移动平均线的时间跨度从 3 天到 70 天逐渐改变。对简单平均法、线性加权平均法和指数加权平均法分三组分别进行测试。所有结果分别列表比较，以对每个市场找出最优越的平均值。最后，再把三种平均方法的情况汇总比较，以找出三个类型中最佳者。为了挑选最适合的指标，他们采用了一种检测系统，所衡量的项目有累计的净利润或净亏损、最大的连续亏损以及几种盈利比率等。从这些研究中可以得出下面几点有益的结论：

（1）首先，我们引用美林自己的论述："这些试验为我们提供了经验性的根据，表明期货价格的变化并不是完全随机发生的。事实上，这些趋势顺应技术产生了显著的利润，即使我们把交易费用考虑进去也不例外。因而技术分析作为一种价格预测方法，它的有效性在这里得到了支持。"

（2）没有哪种移动平均线在所有市场都表现得最佳。或者换种说法，每个市场看来都有自己独有的优越移动平均线，具体市场具体选择。

（3）较长期的移动平均线胜过较短期的移动平均线。所谓长、短区别的分水岭，位于 40 天平均值附近。在 60 天到 70 天的区间中,优越平均线的数目多得令人吃惊。

（4）简单移动平均值方法既胜过线性加权平均值法,也胜过指数加权平均值法。在 13 种市场中,其中有 10 例是简单平均最佳,有 2 例是线性加权最优,有 1 例是指数加权最优。

◆———● 思考与习题 ●———◆

1. 在股票行情软件上对东方财富（股票代码 300059）日 K 线状态下,将原始均线参数修改为 5、10、30、73、120、250。观察在上升趋势中、下跌趋势中、盘整趋势中均线的排列有什么特点?

2. 对上证 50 指数 2005 年到 2018 年的日线数据（行情代码 000016）,使用 30 日均线的金叉买入、死叉卖出的连续交易方法做模拟交易,看看交易效果。在做的过程中注意观察该交易方法在趋势和盘整中的不同效果,注意思考在交易信号的确认上面是否可以优化,优化的思路可以从加信号过滤出发,看采用收盘确认、均线突破的距离和时间过滤是否会优化交易成绩。

3. 选一只自己感兴趣的股票,使用葛兰维买卖八法来模拟交易,看看交易效果。

4. 使用双均线交易系统在上证 50 指数 2005 年到 2018 年的日线数据（行情代码 000016）进行模拟交易,均线的选择可以考虑 5 和 30,10 和 73,30 和 120,也可以自己配对,对比一下和习题 2 的交易结果,并分析两种交易方法的特点。

第五章 形态分析

●●● ▶ 学习提示

形态分析是根据 K 线的图形特征进行分析的一种技术分析方法,形态分为反转和持续,是重要的技术分析方法之一。学习的要领是大量地进行图形的辨识。

●●● ▶ 内容提要

价格形态有两个主要的分类,反转形态和持续形态。反转形态名副其实,意味着趋势正在发生重要反转;相反的,持续形态显示市场可能仅仅是暂时做一段时间的休整,把近期超买超卖状况调整一番,过后原有趋势将继续发展。本章第一节介绍反转形态,第二节介绍持续形态。

●●● ▶ 学习目标

掌握头肩形、双重顶(底)、V 形顶(底)三种反转形态的形成过程和确认点;掌握三角形、旗形、楔形、矩形持续形态的形成过程和确认点。

第一节 反转形态

一、反转形态所共有的基本要素

在单独剖析各个主要反转形态之前,我们先交代所有反转形态所共有的几个基本要素。

(一)在市场上事先确有趋势存在是所有反转形态存在的前提

市场上确有趋势存在是所有反转形态存在的先决条件。市场必须先有明确的趋势,然后才谈得上反转。在图表上,偶尔会出现一些与反转形态相像的图形,但是,如果事前并无趋势存在,那么它便无物可反,因而意义有限。在我们辨识形态的过程中,正确把握趋势的总体结构,有的放矢地对最可能出现转折点的时刻提高警惕是成功的关键。

正因为反转形态事先必须有趋势可反,所以它才具备了测算意义。绝大多数测算技术仅仅给出最小价格目标,那么,最大目标就是事前趋势的起点。如果市场发生过一轮主要的牛市,并且主要反转形态已经完成,就预示着价格向下运动的最大余地便是 100%地回撤整个牛市,从它的终点回到它的起点。

(二)现行趋势即将反转的第一个信号,经常是重要的趋势线被突破

即将降临的反转过程经常以突破重要的趋势线为其前兆。不过记住,主要趋势线被突破,并不一定意味着趋势的反转。这个信号本身的意义是原趋势正有所改变。主要向上趋势线被突破后,或许表示横向延伸的价格形态开始出场,以后随着事态的进一步发展,我们才能够把该形态确认为反转型或持续型。在有些情况下,主要趋势线被突破同价格形态的完成恰好同步实现。

(三)形态的规模越大,则随之而来的市场动作越大

这里所谓规模大小是就价格形态的高度和宽度而言的。高度标志着波动性的强弱,宽度代表时间的长短。形态的规模越大,时间越长,那么该形态就越重要,随之而来的价格运动的余地就越大。

实际上所有的测算技术,均是以形态高度为基础的。这种方法主要适用于 K 线图,这就是所谓垂直测算原则。而测量价格形态横向宽度的方法,通常应用在点数图分析中,它认为顶或底部形态的宽度,同随之而来的价格运动的目标之间,存在着一一对应的关系。

(四)顶部形态所经历的时间通常短于底部形态,但其波动性较强

顶部形态与底部形态相比,它的持续时间短但波动性更强。在顶部形态中,价格波动不但幅度更大,而且更剧烈,它的形成时间也较短。底部形态通常具有较小的价格波动幅度,但耗费的时间较长。正因如此,辨别和捕捉市场底部比捕捉其顶部通常来得容易些,损失也相应少些。不过对喜欢“压顶”的人来说,尚有一点可资安慰,即价格通常倾向于跌快而升慢,因而顶部形态尽管难于对付,却也自有其引人之处。通常交易商在捕捉住熊市的卖出机会的时候比抓住牛市的买入机会的时候盈利快得多。事实上一切都是风险与回报之间的平衡。较高的风险从较高的回报中获得补偿,反之亦然。顶部形态虽然更难捕捉,却也更具盈利的潜力。

(五)底部形态的价格范围通常较小,但其酝酿时间较长

摸顶筑底之说反映的就是这种状况,底部的波动性比较小,酝酿的时间比较长;顶部通常是在疯狂的状态下产生的,因此就不可能时间太长。

(六)交易量在验证向上突破信号的可靠性方面更具参考价值

交易量一般应该顺着市场趋势的方向相应地增长,这是验证所有价格形态完成

与否的重要线索。任何形态在完成时,均应伴随着交易量的显著增加。但是,在趋势的顶部反转过程的早期,交易量并不如此重要。一旦熊市潜入,市场惯于"因自重而下降"。技术分析者当然希望看到,在价格下跌的同时,交易活动也更为活跃,不过,在顶部反转过程中,这不是关键。然而在底部反转过程中交易量的相应扩张却是绝对必需的。如果当价格向上突破的时候交易量未呈现出显著增长的态势,那么突破的可靠性就值得怀疑了。

二、头肩形反转形态

(一)头肩顶

头肩顶的形成要素主要有以下几点。

1. 事先的上涨趋势

市场价格从低位上涨到 A 点,形成上涨趋势,一般情况下成交量也会逐步增加,在 A 点形成的左肩的峰处,成交量达到最大。

2. 调整到 B 点

在 B 点的调整性下跌中,成交量会逐渐减少。到此为止,多头觉得一切正常。

3. 以较轻的成交量上涨到 C 点

这一轮上涨虽然创了新高,但是成交量并没有比左肩的成交量大,形成了一个量价背离。虽然这个信号本身并不能说明行情就要反转了,但是警觉的投资者应该在脑海中亮起一盏警告灯了。

4. 从 C 点跌到 D 点,跌得太多

上涨趋势可能反转的第二个信号是从 C 点下跌到 D 点的过程中首先跌破先前经过前两个谷所画出的上升趋势线,更糟糕的是价格继续下跌直到前低 B 点的支撑位才打住。从 B 到 C 的上涨幅度全部回撤,这时给多头的信心是第三个打击。

5. 从 C 到 E 的上涨所形成的右肩的成交量继续萎缩

从 C 到 E 的上涨不但不再创新高,而且成交量还在继续萎缩,上涨趋势再次得到遏制。到此形成了中间的头最高,左肩和右肩都低于头,从左肩到头再到右肩,成交量逐渐萎缩。

6. 从 E 到 F 的下跌跌破连接 B 和 D 的颈线

标准的头肩顶形态要求连接 B 和 D 的颈线水平,但实际上大多数时候都会向下倾斜。当从 E 到 F 的下跌跌破颈线的时候,就是标志头肩顶正式形成的时候。因为一旦跌破颈线就可以确认从 C 到 F 具有"一峰比一峰低,一谷比一谷低"的走势,而这种走势正是下降趋势的定义。

7. 从 F 到 G 的反扑

反扑并不是必需的,但还是可以经常看见,这时原来的颈线就会变为阻挡线。当市价反扑到 G 点,还给多头一次最后的逃命平仓的机会。

8. 头部到颈线的距离将是从头肩顶确认点下跌的最小距离

从左到右,第一根从头部到颈线的箭头线段就是从头肩顶确认点开始的下跌运行的最短目标价位,在图 5 - 1 中的第二根箭头线段标注。

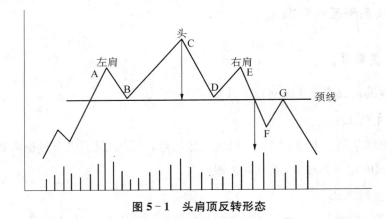

图 5 - 1　头肩顶反转形态

图 5 - 2 是德美化工(002052)在 2014 年 3 月 3 日到 2014 年 4 月 23 日的走势,刚好形成了一个比较标准的头肩顶反转形态。注意观察持续萎缩的成交量。

图 5 - 2　头肩顶案例

（二）头肩底

头肩底（见图5-3）的形成过程与头肩顶相类似，不同之处是成交量和价格的配合上。判别头肩底形态及其突破的时刻，成交量起到了更为关键的验证作用。市场力图发动一轮牛市的时候，必须具有较多的成交量才行，必须有显著的买进推动，这一点对所有的底部形态都是成立的。

在头肩底的前半部分，交易量同头肩顶很相似。就是说头部

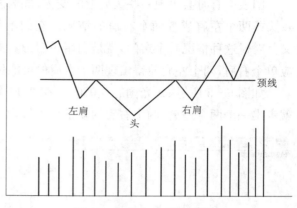

图5-3　头肩底反转形态

的交易量比左肩少。然而在头部的上冲阶段，不但应该显示交易活动有所增加，而且交易量水平要超过左肩上冲的交易量水平。右肩下跌部分的交易量是比较轻的。最关键的是当突破颈线上冲的时候，交易量应该急速膨胀，这一点是头肩底与头肩顶最大的区别。在底部强劲的交易量是完成形态的关键组成部分。

另外，反扑在底部比在顶部更容易发生，不过交易量比较轻，随后新的上涨趋势应该在较重的交易量下恢复。头肩底的最小上涨价位的预测与头肩顶类似。

如图5-4所示，同州电子（002052）在2014年12月5日到2015年1月13日走出一个颈线是上倾的头肩底。注意逐渐增加的成交量。

图5-4　头肩底案例

（三）复杂头肩形

图表中有时会出现一些头肩形的变体，成为复杂头肩形。这种形态可能呈现出双头或两个左肩或者两个右肩的情况。它们不如原型常见，但具有相同的预测意义。对付这种情况有个窍门，就是利用头肩形具有的强烈对称性。单个左肩通常对应单个右肩，两个左肩使得出现两个右肩的可能性增加不少。

如图 5-5 所示，紫光国芯（002049）在 2017 年 11 月 22 日到 2018 年 1 月 15 日就走出一个两个左肩、两个右肩的复杂头肩形。

图 5-5　复杂头肩形案例

（四）流产的头肩形

一旦价格越过颈线，头肩形形态就完成了，市场也就不应再返回颈线的另一边。但如果返回颈线的另外一边就是严重的警告信号，表明此次突破可能是无效信号，这就是流产头肩形的由来。

三、双重顶和双重底

（一）双重顶

双重顶有时被叫作 M 头，其示意图如图 5-6 所示。

在上升趋势中(见图5-6)，市场在点 A 确立了新的高点，通常其交易量亦有所增加。然后在减少的交易量背景之下市场跌至 B 点。到此为止，一切均符合上升趋势的正常要求，趋势进展良好。然而下一轮上冲抵达了 C 点后，收市价格却无力穿越前一个高点 A 点。接着价格就开始跌回。此时一个潜在的双重顶便跃

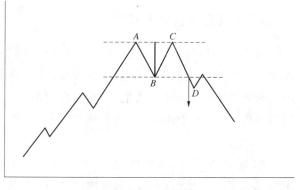

图 5-6　双重顶形态

然纸上。我们之所以讲"潜在"，是因为只有在收市价格突破前一个低点 B 的支撑之后，这个反转才能成立。除非发生突破，否则价格可能仅仅是处于横向延伸的调整阶段中，为原先趋势的恢复做准备。

理想的双重顶具有两个显著的峰，且其价格水平大致相同。交易量倾向于在第一个峰时较重，而在第二峰时较轻。在较重交易量下，当价格决定性地收市于中间谷点 B 点之下时，顶部形态就完成了，标志着趋势向下方的反转。以后在下降趋势恢复之前，市场往往先要反扑回突破点的水平。

双重顶是比较常见的顶部反转形态，如图 5-7 所示，万科 A(000002)在 2013 年 1 月 23 日到 2013 年 6 月 17 日走出一个双重顶。

图 5-7　双重顶案例

（二）双重顶的测算技术

双重顶的测算方法是,自向下突破点(中间谷点 B 即被突破的价位)开始,往下投射(见图 5－6 中的第二根箭头线段)与形态高度相等的距离(见图 5－6 中的第一根箭头线段)。另一种方法是,先测出双重顶中第一条下降轨迹(点 A 到 B)的幅度,然后从位于 B 点的中间谷点开始向下投射相同的长度。双重底的测算方法一样,只是方向相反。

如图 5－8 所示,汉威科技(300007)在 2015 年 11 月 5 日到 2016 年 1 月 5 日的走势形成了一个比较标准的双重顶,顶部的高点为 37 元,颈线的位置为 29 元,高点到颈线的距离为 8 元,颈线往下 8 元的目标位置是 21 元,而突破颈线后的下跌低点为 18 元,最小目标价位达到。

图 5－8　双重顶的预测技术

（三）理想形态的变体

各种市场分析的领域都一样,现实情况通常都是理想模型的某种变体。比如说,有时双重顶的两个峰并不处于严格相同的水平上。有时第二峰相当疲弱,达不到第一峰的高度,这并不太成问题。而当第二峰实际上约略超过第一峰时,就出了些岔子。起初它貌似有效的向上的突破,显示上升趋势已经恢复。然而好景不长,不久它就演化为顶部过程的一部分。为了解决这个问题,可以借鉴前面说过的过滤原则,例如:要求收盘确认;要求 3％百分比穿越或者要求三天时间穿越的时间过滤。

(四) 双重底

双重底就是双重顶的对等形态,不过底部的突破需要成交量的确认,这和头肩底对成交量的要求一样,图5-9是双重底的示意图,有时双重底也被叫作W底。

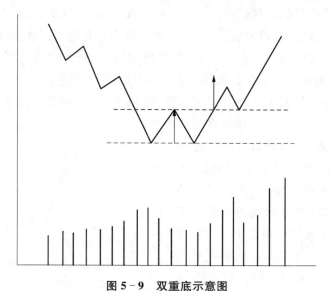

图5-9 双重底示意图

图5-10是双重底的一个示例,上证指数在2015年5月到8月走出一个经典的历史大底。

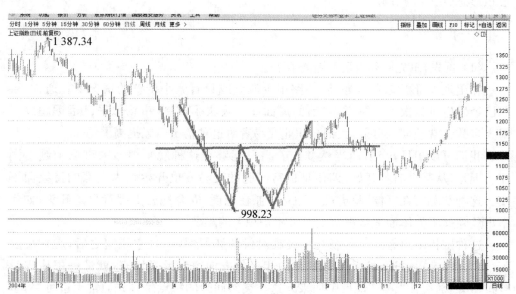

图5-10 双重底的案例

四、V形顶和V形底

这种反转形态可谓神出鬼没,在其出现时最难于判别,但它并不罕见。实际上,因为V形顶或底(或称长钉形)其实不是形态,所以极难判定。前面讨论的所有的反转形态均代表着趋势的逐渐变化。现存趋势先逐渐放缓,进而供求双方的力量对比达到相对平衡,最终买卖双方通过"拔河比赛",决定原有趋势到底是反转还是恢复。在前面的各种形态中,价格有一段横向延伸的时间,分析者能够利用这个机会研究市场行为,仔仔细细地探求其去向的线索。这种阶段称为转换阶段。这是绝大部分反转形态的特点。然而V形形态代表着剧烈的市场反转,同市场逐步改变方向的惯常方式大相径庭。当它发生时,在几乎毫无先兆的情况下,趋势出人意料地突然转向,随即向相反的方向剧烈地运动。因为其身后并无形态可寻,所以其本质是非形态的。这类变化极为经常地孕育在关键反转日或岛状反转之中。交易者如何预期这类形态的降临,从而在其实际发生时,及时地把它判别(或至少猜测)出来并采取适当的措施呢? 为了解答这些问题,我们要进一步深入研究V形顶形态(见图5-11)。

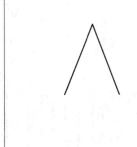

图 5-11　V形顶示意图

(一)V形顶

(1)首先,事先必须有陡峭趋势存在。

在出现V形反转的现象前,一路很少调整或只有微小调整的情况下。通常,事前已经发生过数次价格跳空,当前的局面显得失去了控制,市场似乎已远远超出了绝大多数正常预期。目前,大部分职业交易者对这种情况已经提高警惕了。

我们可以想见,交易商当然梦想着自己能够在这种脱了缰似的市场中赶上潮流。但是,从某个时刻开始,即便是最富经验的交易商也开始因为上涨的持续而不安。这种情况实在好像"骑虎难下"一样,抓住老虎,安全地爬上虎背只是开头,如何不出危险又不失体面地从虎背上下来才是棘手的难题。

这种困扰事出有因。市场有个极难对付的坏习惯,一旦它脱缰之后,起初总要朝一个方向走得过远,然后又常常会向相反的方向突然反噬回来,就像一根橡皮带被拉得太长,突然"唰"地反弹回来。这类突然回弹的特点是事先通常无迹可寻,事后市场向相反方向剧烈运动。

(2)陡峭的趋势伴随巨大的成交量。

陡峭的趋势一般都伴随着巨大的成交量,这一点在上涨趋势中更为常见。

（3）对非常陡峭的趋势线的突破。

这种形态反转的唯一有效信号是对非常陡峭趋势线的突破。移动平均线在这种情况下帮助不大，因为它的滞后天性。随之而来的回撤非常迅速，在很短的时间内回撤三分之一到二分之一。发生这种剧烈运动的原因是之前趋势中缺乏支撑和阻挡，它一路的价格跳空也留下了真空。

事情发生后，在市场顶部被套牢的人急于抛售，以摆脱亏损头寸，这就反过来进一步加剧下跌的速度。所以另外一个危险的信号是事前市场高得非同寻常的持仓兴趣，尤其是在持仓兴趣的增长主要发生在原先趋势的后面部分的情况下。

交易者面临着两难选择，一方面市场趋势强劲，大大地有利可图；另一方面不得不选择恰当的时机及时平仓出市以免被套住。交易者总可以利用逐步尾随的保护性止损指令"让利润充分增长"，这是既能防止趋势突然反向，又能充分积累利润的常用的方法。问题是在市场失控之后，V形反转突如其来，即使我们已经预先设置好止损指令，但是由于市场在相反的方向经常发生限价的情况，平仓出市变得出奇的困难。而如果交易者试图猜想此类顶部即将降临，预先平仓获利，那么结果通常是过早地出市，丧失了更多的潜在利润。当然，话说回来，没有人敢说赚钱是件如履平地的容易事。这里我们主要讲述市场的顶部，底部介绍得较少。虽然本形态在两种情况下均有发生，但最剧烈的实例还是出现在顶部。

如图5-12所示，银星能源（000862）在2008年1月7日到2008年1月22日形成了一个V形顶。

图5-12 V形顶案例

（二）V形底

V形底（见图5-13）是V形顶的对等形态，和所有的底部形态一样，需要成交量的配合。

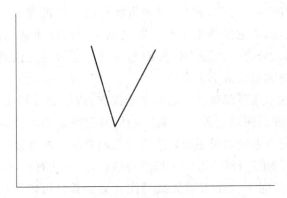

图 5-13   V 形底示意图

图 5-14 是 V 形底的案例。安凯汽车(000868)在 2015 年 7 月 2 日到 7 月 22 日,短短 6 个交易日内价格从 10 元跌到 4.83 元,然后 9 个交易日又涨到 10 元,完成了一次惊险的蹦极。

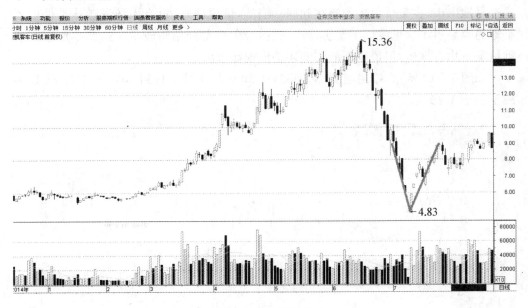

图 5-14   V 形底案例

(三) 扩展 V 形反转形态

V 形形态有一种变体,称为扩展 V 形形态。在这种形态中,当市场反向后很快形成一个小平台,除此之外它与 V 形形态基本一致。平台通常形成在图形的右侧,朝新趋势的相反方向稍稍倾斜。

在顶部平台向上倾斜;而在底部则往往向下倾斜。当平台出现时,交易量亦会有所下降。然后在趋势恢复之后交易量再度增长,在平台突破后,我们就认为该形态已经完成了扩展 V 形。扩展 V 形反转形态比真正的 V 形形态要少见一些。在平台阶段,我们要么可以平仓旧的头寸,要么可以顺着新趋势的方向开立新头寸。

(四)左侧扩展 V 形反转形态

本形态比扩展 V 形反转形态更为少见,其平台出现在形态的左侧,先于市场的反转。尽管这种形态在市场反向后对交易者无甚价值,但它也能提供一点参考,就还是它原先在图形上形成的反弹低点一旦被向下突破,则顶部形态便形成了。这个反弹低点也许暂时给市场价格一个支撑,从而减缓下跌的时间,使交易者有更多的时间来应对。

五、其他反转形态

上面三种反转形态是最常见的反转形态,还有一些不是很常见的形态,如圆弧顶(底)、三重顶(底),这些反转形态由于不是很常见,本节不做介绍。其大致形态就是如名称所指。

第二节 持续形态

本节介绍的形态属于持续形态,这些形态仅仅表示当前趋势的暂时休止,下一步的市场运动将与事前趋势一致。

反转形态与持续形态另外一个差别是持续时间的不同,反转形态往往花费更长的时间,并且它也构成主要趋势的变化。相反,持续形态持续时间较短,在更多的时候属于中短形态。

本节将要介绍三种常见的持续形态。

一、三角形持续形态

三角形持续形态根据三角形的方向不同分为对称三角形、上升三角形和下降三角形,下面分别介绍。

(一)对称三角形

对称三角形要求逐渐收敛的横向走势所画出的两条趋势线构成一个对称三角形(见图 5-15)。从对称三角形的定义可以看出至少要四个转折点(1,2,3,4)。虽然四个转折点就可以构成对称三角形,但实际上 6 个转折点(1,2,3,4,5,6)的对称三角形更为常见。

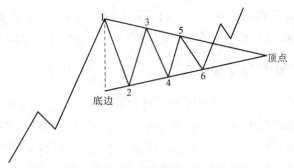

图 5 - 15 对称三角形

1. 三角形完结的时间极限

三角形完结具有时间极限,这就是两边线的交点——顶点。一般的价格应该在三角形横向宽度的一半到四分之三之间的某个位置顺着原来趋势突围而出。该宽度就是从左侧竖直的底边到顶点的距离。因为两条聚拢的边线必定相交,所以只要画出了两条边线,我们就可以测得上述距离。向上突破的信号是市场对上边趋势线的穿越。如果价格始终局限于三角形内,并超出了上述四分之三的范围,那么这个三角形就开始丧失其潜力,这通常意味着价格将持久地漂泊下去直到顶点以外。

于是三角形构成了价格与时间的一种有趣的结合。一方面聚拢的趋势线界定了形态的价格边界,我们可以根据价格对上边趋势线的穿越(在上升趋势情况下),判断何时该形态完成、原趋势恢复。另一方面,两条趋势线通过其形态宽度,也提供了时间目标。举例来说,如果其宽度为 20 个星期,那么突破就应发生在第 10 周到第 15 周之间的某个时刻。

实际的趋势性信号是以收市价格穿越某条趋势线为标志的。有时候价格突破后也会向这条趋势线反扑一下。在上升趋势中,上边的趋势线被突破后演化为支撑线。而在下降趋势中,下边的趋势线被突破后变成阻挡线。在突破后,顶点也构成重要的支撑或阻挡水平。类似于前两章的有关内容,我们也可以应用各种穿越原则来鉴别此处的突破。最低穿越原则是市场以收市价越过两条趋势线之一,而不能仅仅是一个日内穿越。

2. 交易量的重要性

在三角形内,价格的摆动幅度越来越小,交易量也应相应地日趋萎缩。这种交易量的收缩倾向在所有的调整性形态中都普遍存在。但当趋势线被穿越从而形态完成时,交易量应该明显地增加。在随后的反扑中,交易量轻弱。然后当趋势恢复时,交易活动更为活跃。关于交易量还需要说明两点。同反转形态的情况一样,交易量在向上突破时比向下突破时更具重要意义。在所有调整形态中,当上升趋势恢复时,交易量的相应增加都是至关紧要的。而在向下突破时,交易量虽然也重要,但在头几天内并不如此关键。事实上,当价格向下突破时,如果交易量大大地跳升,特别是在接近三角形顶点的情况下,反而是可能出现虚假看跌信号的征兆。

关于交易量要说明的第二点是,虽然交易活动在形态形成过程中逐渐减弱,但如果我们仔细地考察交易量的变化,通常仍可获得较重的交易量到底是发生在上升运动中还是下降运动中的线索。举例来说,上升趋势应当有个微弱的倾向,当价格上弹时交易量较重,而在价格下跌时交易量较轻。

3. 测算技术

在对称三角形的情况下,一般可以采用几种方法来预测其时间和价格运行规律。最简单的是先测出三角形最宽的部分(底边 AB)的竖直线段的高度,然后从突破点(C 点)或顶点起,顺势测出相等的距离(见图 5-16)。第二种方法是,从底边的端点(点 A 处)出发,做出平行于下边趋势线的平行线。这条管道线就是上升趋势上方的价格目标(见图 5-16)。因为市场还有一种倾向,新的上升过程同以前

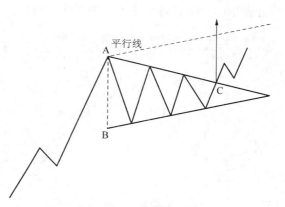

图 5-16　对称三角形的预测技术

的上升过程(三角形形成前)具有大体上差不多的坡度或倾角。所以价格触及上方管道线的地方既是价格目标,也是大致的时间目标。测算技术见图 5-16。

图 5-17 给出了一个对称三角形为持续形态的案例。江西铜业 2018 年 1 月 28 日的 5 分钟 K 线图中有一个清晰的对称三角形持续形态。

图 5-17　对称三角形案例

（二）下降三角形

下降三角形出现在下降趋势中,其三角形下边水平,上边的趋势线向下倾斜。其形态见图5-18。

图5-19给出了一个下降三角形的案例。天源迪科(300047)60分钟K线图中在2017年10月18日到10月27日就形成了一个下降三角形。

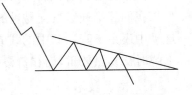

图5-18 下降三角形示意图

图5-19 下降三角形案例

（三）上升三角形

上升三角形最经常出现在上升趋势中,属于持续形态,其三角形的上边呈水平位,三角形的下边为向上倾斜的趋势线(见图5-20)。有时在下降趋势处于强弩之末的阶段出现上升三角形也不足为怪。

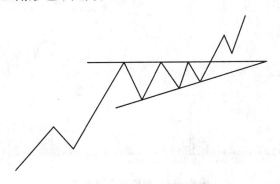

图5-20 上升三角形示意图

如图 5-21 所示,上港集团(600018)2017 年 2 月 16 到 2017 年 10 月 10 日形成了一个上升三角形。

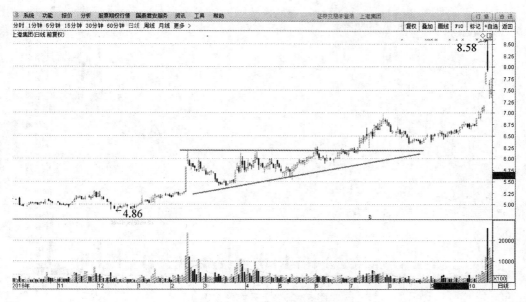

图 5-21 上升三角形案例

二、旗形和三角旗形

(一)旗形

图 5-22 是一个上升旗形,在巨大成交量下先形成一个陡峭的旗杆,然后在向下倾斜的两条平行趋势线的范围内上下震荡,成交量快速萎缩,最后在巨大成交量的配合下通过上边的趋势线上的突破确认点完成上升旗形。下降旗形和上升旗形相反,只不过对成交量的配合要求不严,因为下降可以因为重力而加速。

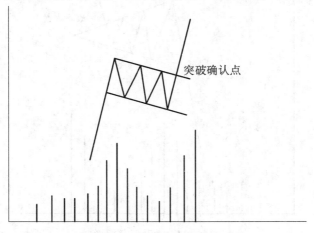

图 5-22 上升旗形示意图

如图 5-23 所示,万顺股份(300057)在 2015 年 4 月 28 日到 5 月 8 日形成了一个上升旗形的案例。注意:旗杆相对大的成交量,旗面的成交量逐渐减少。

图 5-23　上升旗形案例

(二)三角旗形

图 5-24 是一个上升三角旗形,在巨大成交量下先形成一个陡峭的旗杆,然后在向下倾斜的两条三角收敛趋势线的范围内上下震荡,成交量快速萎缩,最后在巨大成交量的配合下通过上边的趋势线上的突破确认点完成上升三角旗形。下降三角旗形和上升三角旗形相反,只不过对成交量的配合要求不严,因为下降可以因为重力而加速。

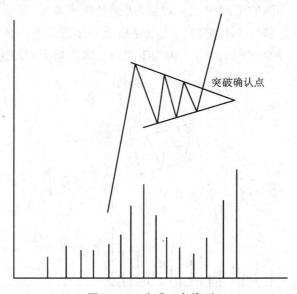

图 5-24　上升三角旗形

图 5-25 是橡胶 1805 合约 2018 年 2 月 6 日的 5 分钟 K 线图,图中出现了一个下降三角旗形,注意观察旗杆的巨大成交量,三角旗面逐渐萎缩的成交量,再次突破成交量放大,另外注意突破处就是在顶点位置。

图 5-25 下降三角旗形案例

(三)测算技术

旗形和三角旗形的测算意义是一致的,那就是从突破点算起,价格将至少涨跌旗杆的垂直距离。以图 5-26 所示的上升三角旗形为例。旗杆的垂直上涨高度为线段 AB,当价格从确认点向上突破后,其最小上涨的目标价位就是从突破点起算,将线段 AB 的距离加在突破点上。

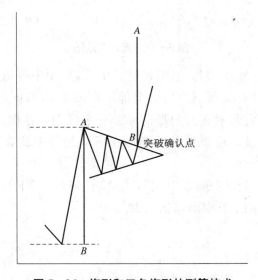

图 5-26 旗形和三角旗形的测算技术

（四）旗形和三角旗形的共同点

（1）都具有剧烈的几乎是直线式的旗杆。

旗形和三角旗形表示市场充满活力，但暂时处于休止状态，事实上，剧烈的几乎是直线式的市场运动是旗形和三角旗形出现的先决条件，而且一般情况旗杆伴随巨大的成交量。

（2）旗面的成交量逐渐萎缩。

旗面形成的时间一般为一到三个星期，而且成交量快速萎缩。旗面的倾斜方向与旗杆的方向一般相反。

（3）当趋势恢复的时候，交易活动会越发增强。

（4）二者具有相同的预测技术。

三、楔形

就外形和持续时间来看，楔形与对称三角形相似，但不同于三角形形态的是楔形其明显的倾角上，楔形具有鲜明的倾角，要么向上，要么向下（见图 5－27）。一般来说，楔形如同旗形一样与前面趋势相反，于是下降楔形属于看涨形态，而上升楔形属于看跌形态。

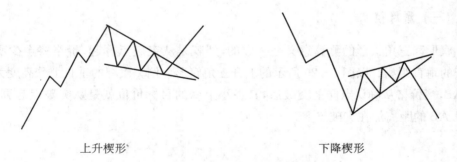

上升楔形   下降楔形

图 5－27　楔形示意图

楔形通常持续一个月以上，但不超过三个月，属于中等范畴的形态。市场在从楔形突破之前通常要朝顶点经历其全部距离的 2/3，有时甚至要接近顶点，形态才宣告完成，这是它与对称三角形的另外一个区别。在楔形的形成过程中，交易量应当萎缩，在突破时应该增加。楔形在下降趋势中比在上升趋势中持续的时间更短。

如图 5－28 所示，新华保险 2018 年 1 月 25 日到 2 月 8 日的 60 分钟 K 线图中，出现一个下降趋势中的上升楔形，其后下跌。

图 5‑28 上升楔形案例

如图5‑29所示,陕鼓动力(601369)2017年2月21日到3月5日走出一个下降楔形,其后突破上涨。注意:楔形伴随着萎缩的成交量,一旦突破,成交量增加。

图 5‑29 下降楔形案例

四、矩形

矩形是容易辨识的,它是趋势中的休整段,价格在两条平行的水平直线之间横向延伸,见图 5-30。有时我们称矩形为交易的密集成交区。

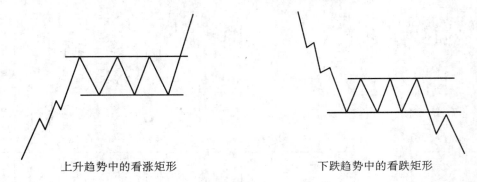

上升趋势中的看涨矩形   下跌趋势中的看跌矩形

图 5-30   矩形示意图

如图 5-31 所示,中国中铁(301390)2015 年 3 月 25 日到 4 月 10 日走出了一个标准的上涨趋势中的看涨矩形,矩形区域中有多次触及上下轨道。其后突破上涨。

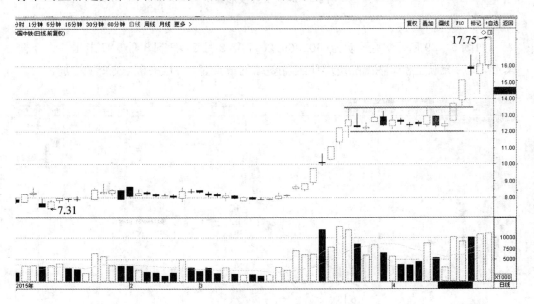

图 5-31   看涨矩形案例

如图 5-32 所示,通用股份(601500)2017 年 7 月 18 日到 2017 年 10 月 30 日长达 3 个月的窄幅盘整,其后大跌。

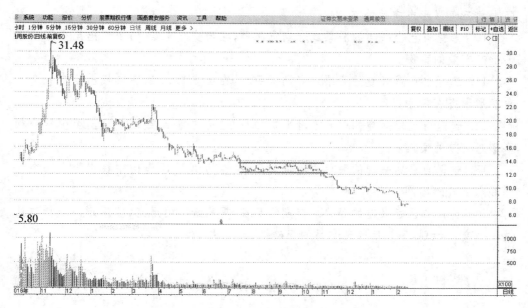

图 5 - 32　看跌矩形案例

———— ● **思考与习题** ● ————

1. 选择自己感兴趣的股票或者期货品种,在历史日 K 线图中找出至少一个头肩顶形态有效的案例。

2. 选择自己感兴趣的股票或者期货品种,在历史日 K 线图中找出至少一个头肩底形态有效的案例。

3. 选择自己感兴趣的股票或者期货品种,在历史日 K 线图中找出至少一个双重顶形态有效的案例。

4. 选择自己感兴趣的股票或者期货品种,在历史日 K 线图中找出至少一个双重底形态有效的案例。

5. 选择自己感兴趣的股票或者期货品种,在历史日 K 线图中找出至少一个 V 形顶形态有效的案例。

6. 选择自己感兴趣的股票或者期货品种,在历史日 K 线图中找出至少一个 V 形底形态有效的案例。

7. 选择自己感兴趣的股票或者期货品种,在历史日 K 线图中找出至少一个收敛三角形形态有效的案例。

8. 选择自己感兴趣的股票或者期货品种,在历史日 K 线图中找出至少一个上升直角三角形形态有效的案例。

9. 选择自己感兴趣的股票或者期货品种,在历史日 K 线图中找出至少一个下降直角三角形形态有效的案例。

10. 选择自己感兴趣的股票或者期货品种,在历史日 K 线图中找出至少一个旗形形态有效的案例。

11. 选择自己感兴趣的股票或者期货品种,在历史日 K 线图中找出至少一个三角旗形形态有效的案例。

12. 选择自己感兴趣的股票或者期货品种,在历史日 K 线图中找出至少一个楔形形态有效的案例。

13. 选择自己感兴趣的股票或者期货品种,在历史日 K 线图中找出至少一个矩形形态有效的案例。

14. 选择自己感兴趣的股票或者期货品种,观察最近的形态,使用形态分析方法做一个交易计划,等日后验证交易的正确性。

第六章　指标分析

◖◖◖ ▶ **学习提示**

指标分析是一种比较难的技术分析方法,因为指标的计算一般不是很简单,关键是使用的限制比较多。想要较好地使用指标分析方法,必须对指标的设计思想、使用环境和指标失效三个方面加以注意。

◖◖◖ ▶ **内容提要**

技术指标法是技术分析中极为重要的分支,大约在 20 世纪 70 年代之后,技术指标逐步得到流行。全世界各种各样的技术指标至少有 1 000 个,它们都有自己的拥护者,并在实际应用中取得一定的效果。本章所介绍的技术指标是目前在中国市场比较流行的技术指标。

◖◖◖ ▶ **学习目标**

掌握指标的分类和通用使用方法;掌握 MACD、KDJ、BOLL 三种重点指标的使用方法;了解 ADL、RSI、BIAS、DMI、PSY、OBV、SAR 指标的使用方法。

第一节　指标分析概述

一、指标分析的含义

技术指标是广大投资者非常熟悉的名词,但是目前技术指标还没有一个明确的定义。一般认为按照事先规定好的固定方法对证券市场的原始数据进行处理,处理后的结果是某个具体的数字,这个数字就是技术指标值。将连续不断得到的技术指标值制成图表,并根据所制成的图表对市场进行行情研制,这样的方法就是技术指标法。证券市场的原始数据就是证券的量、价、时、空,特别是价和量。

二、指标的分类

技术分析的指标相当多,行情软件默认的系统指标就有近百种,即使是专业的分析师有时也容易混淆。为了解决这种困扰,根据指标的设计原理和应用法则,可以将所有指标划分为"大势型""超买超卖型""趋势型""能量型""成交量型""均线型""图表型""路径型""停损型"等九大类型。使用者只要知道指标属于哪一类,就差不多知道了该指标的应用法则;同样,使用者只要明白自己的需求(如是判断趋势还是要寻找超买超卖区域),就可以方便地在相应类别中找到合适的技术指标。技术指标的这种分类,也便于交易者对指标原理的学习、理解和记忆。

(一)大势型

大势型包括:ABI、ADL、ADR、ARMS、BTI、C&A、COPPOCK、MCL、MSI、OBOS、TRIM、STIX、TBR。各种类型、专用于判断大盘的走势的指标归于此类。大势型指标一般无法在个股画面中使用。

(二)超买超卖型

超买超卖型包括:CCI、DRF、KDJ、K％R、KAIRI、MFI、MOM、OSC、QIANLONG、ROC、RSI、SLOWKD、VDL、W％R、BIAS、布林极限、极限宽。

大约有五分之一的指标属于这种类型,完全精确地应用、解释,相当复杂,但只要掌握它的"天线"和"地线"的特征,各种难题就可以迎刃而解了。天线和地线都与中轴线平行,天线位于中轴线上方,地线位于中轴线下方,两者离中轴线有相同的距离。天线可视为指标压力或是常态行情中的上涨极限。地线可视为指标支撑或常态行情中的下跌极限。这里的常态行情是指涨跌互见、走势波动以波浪理论的模式进行,并且促使指标持续上下波动在固定的范围里面的情形,连续急涨急跌或瞬间的暴涨暴跌都不能算是常态行情。

(三)趋势型

趋势型包括:ASI、CHAIKIN、DMA、DMI、DPO、EMV、MACD、TRIX、终极指标、VHF、VPT、钱龙长线、钱龙短线、WVAD。本类型指标至少有两条线,指标以两条线交叉为信号;趋向类指标的讯号发生,大致上都是以两条线的交叉为准,把握这个重点就可以运用自如。

(四)能量型

能量型包括:BRAR、CR、MAR、梅斯线、心理线、VCI、VR、MAD。本类型指标是股价热度的温度计,专门测量股民情绪高亢或沮丧。指标数据太高,代表高亢发烧;指标数据太低,代表沮丧发冷。

（五）成交量型

成交量型包括：ADVOL、成交值、负量指标、OBV、正量指标、PVT、成交量、SSL、邱氏量法、成本分布。成交量型有 N 字波动型和 O 轴穿越型。

（六）均线型

均线型包括：BBI、EXPMA、MA、VMA、HMA、LMA。即各种不同算法的平均线。主要通过短期均线穿越长期均线的结果，判断是否为买卖信号。

（七）图表型

图表型包括：K 线、美国线、压缩图、收盘价线、等量线、LOGB、LOGH、LOGK、等量 K 线、○×图、新三价线、宝塔线、新宝塔线。图表型是以 K 线为基础派生出来的价格图形，通过图形的特征形态及其组合，来判断买卖信号和预测涨跌。

（八）路径型

路径型包括：布林线、ENVELOPE、MIKE、风林火山。路径型也称为压力支撑型。图形区分为上限带和下限带，上限代表压力，下限代表支撑。其指标图形的特点是：股价向上触碰上限会回档；股价向下触碰下限会反弹；不同指标有特殊的不同含义。

（九）停损型

停损型包括：SAR、VTY。此类指标不仅具备停损的作用而且具有反转交易的功能，所以，不能单纯以停损的观念看待这个指标，这是一个会产生交易信号的相对独立的交易系统。

三、指标的应用原则

（一）指标的背离

指标的背离是使用技术指标最为重要的一点，是指技术指标曲线的波动方向与价格曲线的趋势方向不一致。实际中的背离有两种表现形式，第一种是顶背离，是看跌信号；第二种是底背离，是看涨信号。技术指标与价格背离表明价格的波动没有得到技术指标的支持。技术指标的波动有超前于价格波动的"功能"，在价格还没有转折之前，技术指标提前指明未来的趋势。

（二）指标的交叉

指标的交叉是指技术指标图形中的两条曲线发生了相交现象。

实际中有两种类型的指标交叉,第一种是同一个技术指标的不同参数的两条曲线之间的交叉,常说的黄金交叉和死亡交叉就属于这一类;第二种交叉是技术指标曲线与固定的水平直线之间的交叉。水平直线通常是横坐标轴,横坐标轴是技术指标取值正负的分界线,技术指标与横坐标轴的交叉表示技术指标由正变负或由负变正。技术指标的交叉表明多空双方力量对比发生了改变,至少说明原来的力量对比受到了"挑战"。

（三）指标的极端值

技术指标取极端值是指技术指标的取值极其大或极其小,技术术语上将这样的情况称为技术指标进入"超买区和超卖区"。大多数技术指标的"初衷"是用一个数字描述市场的某个方面的特征,如果技术指标值的数字太大或太小,就说明市场的某个方面已经达到了极端的地步,应该引起注意。超卖就是买入信号;超买就是卖出信号。

（四）指标的形态

技术指标的形态是指技术指标曲线的波动过程中出现了形态理论中所介绍的反转形态。在实际中,出现的形态主要是双重顶(底)和头肩形。个别时候还可以将技术指标曲线看成价格曲线,根据形态使用支撑压力线。

（五）指标的转折

技术指标的转折是指技术指标曲线在高位或低位调头。有时,这种调头表明前面过于极端的行动已经走到了尽头,或者暂时遇到了"麻烦";有时,这种调头表明一个趋势将要结束,而另一个趋势将要开始。技术指标中转折的典型代表是方向指标 DMl。

（六）指标的盲点

指标的盲点指技术指标在大部分时间里是无能为力的。也就是说,在大部分时间里,技术指标都不能发出买入或卖出的信号。这是因为在大部分时间技术指标是处于"盲"的状态,只有在很少的时候,技术指标才能"看清"市场,发出信号。我国目前对于技术指标的使用,在这个方面有极大的偏差,相当一批对技术指标了解不深的投资者都是在这个问题上犯了错误。

"每天都期待技术指标为我们提供有用的信息"是对技术指标的误解,也是极其有害的。如果没有认识到这一点,在使用技术指标的时候就会不断地犯错误。

四、技术指标应用应注意的问题

技术指标说到底是一些工具,我们利用这些工具进行预测必须注意一些问题。

（一）指标的适应范围和环境

每种指标都有自己的适应范围和环境。有时效果差，有时效果好。人们在使用技术指标时，常犯的错误是机械地照搬结论，而不问这些结论成立的条件和可能发生的意外。首先是盲目地绝对相信技术指标，出了错误以后，又走向另一个极端，认为技术分析指标一点用也没有。这显然是错误的认识，只能说是不会使用指标。

（二）指标的盲点

每种指标都有自己的盲点，也就是指标失效的时候。在实际中应该不断地总结，并找到盲点所在。这对在技术指标的使用中少犯错误是很有益处的。遇到了技术指标失效，可以把它放置在一边，去考虑别的技术指标。一般说来，"东方不亮西方亮，黑了南方有北方"，众多的技术指标中，在任何时候总会有几个能对我们进行有益的指导和帮助。尽管有时这种帮助可能不大，但总比没有强，至少心里有点底，操作起来有目的性。

（三）有主有次

了解每一种技术指标是很有必要的，但是，众多的技术指标我们不可能都考虑到，每个指标在预测大势方面也有能力大小和准确程度的区别。通常使用的手法是以四五个技术指标为主，别的指标为辅。这四五个技术指标的选择各人有各人的习惯，不好事先规定，但是，根据实战效果的好坏，这几个指标应该不断地进行变更。

第二节 常用指标使用

本节会按照前一节指标的分类对九个类别的常用指标进行介绍，其中均线型和K线的图表型在前面的章节中做了专门的介绍，此处不再介绍，仅介绍剩下的七个类别的常用指标，每一个类别选择一到三个常用指标来介绍。

一、ADL

（一）含义

腾落指标（ADL）属于大势型指标，它是以股票每天上涨或下跌之家数作为计算与观察的对象，以了解股市人气状况，探测股市内在的资金动能是强势还是弱势，用以研判股市未来动向的技术性指标。腾落指标只反映大势的走向与趋势，不对个股的涨跌提供讯号。由于市场中常常存在通过拉抬打压大盘指标股，使得指数走势失去本来面目的现象，从而影响投资者的准确判研分析，而腾落指标可以很好地消除这类失真影响。

（二）计算公式

$$腾落指标(ADL) = \sum (上涨家数 - 下跌家数)$$

ADL 指标是以股票每天上涨和下跌的家数作为计算和观察的对象，借此了解股市的人气的兴衰，探测大势内在的动量是强势还是弱势，从而研判股市未来动向的技术指标。它是将在该市场上上市交易的所有股票家数中，每日上涨的股票家数减去下跌股票家数所得到的余额的累计。即将第一天上涨股票的家数减去第一天下降股票的家数所得到的差数为第一天的 ADL，第二天也是将上涨股票的家数减去下跌股票的家数，然后将所得到的差数与第一天的 ADL 值相加，所得到的累计额即为第二天的 ADL 值，依次类推。因此，我们可以知道，ADL 指标是利用简单的加减法计算每天股票上涨家数和下跌家数的累计结果，与股市大势综合指数相互对比，对股票大势未来进行预测。

（三）应用法则

（1）腾落指标是了解股市人气状况，探测大势内在的资金动能是强势还是弱势，用以研判股市未来动向的技术性指标。

（2）当股指持续上涨，腾落指标亦上升，股指可能仍将上升；股指持续下跌，腾落指标亦下降，股价可能仍将继续下跌。

（3）如果股指和腾落指标之间出现背离的话，股指往往会跟随腾落指标的运动趋势而变化；如果股指上涨，而腾落指标下降，股指不久也会回落；同样，股指下跌，而腾落指标上升，股指不久也会回升。

（4）股市处于多头市场时，腾落指标呈上升趋势，其间如突然出现急速下跌现象，接着又立即扭头向上，创下新高点，则表示行情可能再创新高。当股市处于空头市场时，腾落指标呈现下降趋势，其间如果突然出现上升现象，接着又掉头下跌突破原先低点，则表示另一段新的下跌趋势产生。

二、KDJ

（一）含义

KDJ 指标又叫随机指标，属于超买超卖指标，它是一种相当实用的技术分析指标，起先用于期货市场的分析，后被广泛用于股市的中短期趋势分析，是期货和股票市场上最常用的技术分析工具。随机指标 KDJ 一般是根据统计学原理，通过一个特定的周期（常为 9 日、9 周等）内出现过的最高价、最低价及最后一个计算周期的收盘价及这三者之间的比例关系，来计算最后一个计算周期的未成熟随机值 RSV，然后根据平滑移动平均线的方法来计算 K 值、D 值与 J 值,并绘成曲线图来研判股票走势。

（二）计算公式

KDJ 的计算比较复杂,首先要计算周期(n 日、n 周等)的 RSV 值,即未成熟随机指标值,然后再计算 K 值、D 值、J 值等。以 n 日 KDJ 数值的计算为例,其计算公式为

$$n \text{ 日 RSV} = (Cn - Ln) \div (Hn - Ln) \times 100$$

式中,Cn——第 n 日收盘价;

Ln——n 日内的最低价;

Hn——n 日内的最高价。

其次,计算 K 值与 D 值:

$$\text{当日 K 值} = 2/3 \times \text{前一日 K 值} + 1/3 \times \text{当日 RSV}$$
$$\text{当日 D 值} = 2/3 \times \text{前一日 D 值} + 1/3 \times \text{当日 K 值}$$

若无前一日 K 值与 D 值,则可分别用 50 来代替。

$$\text{J 值} = 3 \times \text{当日 K 值} - 2 \times \text{当日 D 值}$$

以 9 日为周期的 KD 线为例,即未成熟随机值,计算公式为

$$9 \text{ 日 RSV} = (C_9 - L9) \div (H9 - L9) \times 100$$

式中,C_9——第 9 日的收盘价;

L9——9 日内的最低价;

H9——9 日内的最高价。

$$\text{K 值} = 2/3 \times \text{第 8 日 K 值} + 1/3 \times \text{第 9 日 RSV}$$
$$\text{D 值} = 2/3 \times \text{第 8 日 D 值} + 1/3 \times \text{第 9 日 K 值}$$
$$\text{J 值} = 3 \times \text{第 9 日 K 值} - 2 \times \text{第 9 日 D 值}$$

若无前一日 K 值与 D 值,则可以分别用 50 代替。

（三）使用法则

（1）K 与 D 值永远介于 0 到 100 之间。D 大于 80 时,行情呈现超买现象。D 小于 20 时,行情呈现超卖现象。

（2）上涨趋势中,K 值大于 D 值,K 线向上突破 D 线时,为买进信号。下跌趋势中,K 值小于 D 值,K 线向下跌破 D 线时,为卖出信号。

（3）KD 指标不仅能反映出市场的超买超卖程度,还能通过交叉突破发出买卖信号。

（4）KD 指标不适于发行量小、交易不活跃的股票,但是 KD 指标对大盘和热门

大盘股有极高的准确性。

（5）当随机指标与股价出现背离时，一般为转势的信号。

（6）K值和D值上升或者下跌的速度减弱，倾斜度趋于平缓是短期转势的预警信号。

（四）注意事项

随机指标虽然克服了移动平均线系统的滞后性，但是它本身还有难以克服的缺陷和自身局限性。因此，在利用随机指标来决定股票的投资策略时应该注意以下几个问题：

（1）股价短期波动剧烈或者瞬间行情幅度太大时，KDJ信号经常失误，也就是说投机性太强的个股KD值容易高位钝化或低位钝化。

此外，随机指标对于交易量太小的个股不是很适用，但对于绩优股，准确率却是很高。同时还应该注意的是随机指标提供的股票买卖信号均有或多或少的死角发生，尤其是个股表现受到基本面、政策面及市场活跃程度的影响时，在任何强势市场中，超买超卖状态都可能存在相当长的一段时期，趋势逆转不一定即刻发生。即随机分析所能得出的最强信号可能有偏差，也就是说K值在80以上时股价还有可能进一步上升，如果投资者过早地卖出股票，将会损失一些利润；K值在20以下时，股价还有可能进一步下跌，如果投资者过早地买进股票有可能被套。此时KDJ指标参考价值降低，投资者应该因时因势分析，同时参考其他指标与随机指标结合起来使用。

（2）J值可以为负值，也可以超过100。

出现这种情况主要缘于J线和K、D线相比较更为灵敏一些。

（3）因为随机指标提供的买卖信号比较频繁，投资者孤立地依据这些交叉突破点来决定投资策略，则依然存在较大的风险。因此，使用K、D线时，要配合股价趋势图来进行判断。

当股价交叉突破支撑压力线时，若此时K、D线又在超买区或超卖区相交，KD线提供的股票买卖信号就更为有效。而且，在此位上K、D线来回交叉越多越好。

（4）当K值和D值上升或下跌的速度减弱，倾斜度趋于平缓是短期转势的预警信号。这种情况对于大盘热门股及股价指数的准确性较高，而对冷门股或小盘股的准确性较低。

（5）KDJ指标比RSI准确率高，且有明确的买、卖点出现，但K、D线交叉时须注意"骗线"出现，主要因为KDJ指标过于敏感且此指标群众基础较好，所以经常被主力操纵。

（6）K线与D线的交叉突破在80以上或20以下时较为准确。当这种交叉突破在50左右发生时，表明市场走势陷入盘局，正在寻找突破方向。此时，K线与D线的交叉突破所提供的买卖信号无效。

综上所述，可以这样认为，随机指数在设计中充分考虑价格波动的随机振幅与中短期波动的测算,使其短期测市功能比移动平均线更加准确有效,在市场短期超买超卖的预测方面又比强弱指数敏感,同时该指标又能够提供出明确的买卖点。因此,这一指标被投资者广泛采用。虽然说,随机指标可以为短线投资提供简便直接快捷有效的投资参考依据,但是,作为一个投资者应该明白,成功地使用随机指标的关键在于将随机指标分析与其他的技术指标或分析方法结合起来使用。

三、RSI

(一)含义

相对强弱指标 RSI 属于超买超卖指标,它是根据一定时期内上涨和下跌幅度之和的比率制作出的一种技术曲线,能够反映出市场在一定时期内的景气程度。RSI 最早被用于期货交易中,后来人们发现用该指标来指导股票市场投资效果也十分不错,并对该指标的特点不断地进行归纳和总结。现在,RSI 已经成为被投资者应用最广泛的技术指标之一。

(二)计算公式

$$N\ 日\ RSI = \frac{N\ 日内收盘涨幅的平均值}{(N\ 日内收盘涨幅均值 + N\ 日内收盘跌幅均值)} \times 100\%$$

由上面算式可知 RSI 指标的技术含义,即以向上的力量与向下的力量进行比较,若向上的力量较大,则计算出来的指标上升;若向下的力量较大,则指标下降,由此测算出市场走势的强弱。

(三)使用法则

(1)由算式可知,0≤RSI≤100。RSI=50 为强势市场与弱势市场分界点。通常设 RSI>80 为超买区,市势回挡的机会增加;RSI<20 为超卖区,市势反弹的机会增加。

(2)一般而言,RSI 掉头向下为卖出讯号,RSI 掉头向上为买入信号。但应用时宜从整体态势的判断出发。

(3)RSI 的 M 形走向是超买区常见的见顶形态;W 形走向是超卖区常见的见底形态。这时,往往可见 RSI 走向与价格走向发生背离。所以,背离现象也是一种买卖讯号。

(4)RSI 由下往上走,一个波谷比一个波谷高构成上升支持线;RSI 由上往下走,一个波顶比一个波顶低构成下降压力线。跌破支持线为卖出信号,升穿压力线为买入信号。

(5)RSI 上穿 50 分界线为买入信号,下破 50 分界线为卖出信号。

(6)N 日 RSI 的 N 值常见取 5~14 日。N 值愈大趋势感愈强,但有反应滞后倾向,称为慢速线;N 值愈小对变化愈敏感,但易产生飘忽不定的感觉,称为快速线。

因此,可将慢速线与快速线比较观察,若两线同向上,升势较强;若两线同向下,跌势较强;若快速线上穿慢速线为买入信号;若快速线下穿慢速线为卖出信号。

(7) 由于 RSI 设计上的原因,RSI 在进入超买区或超卖区以后,即使市势有较大的波动,而 RSI 变动速率渐趋缓慢,波幅愈来愈微,即出现所谓钝化问题。尤其是在持续大涨或大跌时,容易发生买卖"操之过急"的遗憾。解决这个问题的办法,仅就 RSI 指标本身而言,一是调整超买区或超卖区的界定指标,如 90 以上、10 以下;二是加大 N 的取值。

四、BIAS

(一) 含义

乖离率(BIAS),又称偏离率,简称 Y 值,是通过计算市场指数或收盘价与某条移动平均线之间的差距百分比,以反映一定时期内价格与其 MA 偏离程度的指标,从而得出价格在剧烈波动时因偏离移动平均趋势而造成回档或反弹的可能性,以及价格在正常波动范围内移动而形成继续原有势的可信度。

(二) 计算公式

$$乖离率 = \frac{(当日收盘价 - N\ 日平均价)}{N\ 日平均价} \times 100\%$$

其中,N 一般为 5,6,10,12,24,30 和 72。在实际运用中,短线使用 6 日乖离率较为有效,中线则放大为 10 日或 12 日。

(三) 使用法则

1. 从 BIAS 的取值大小方面考虑

我们可以对 BIAS 指标设置一对固定的数值(其中一个为正值,另一个为负值)作为上下分界线。当 BIAS 取值超过所设置的正值时,发出卖出信号;反之,若 BIAS 低于所设置的负值,则发出买入信号。

而这条分界线具体数值的确定主要取决于以下三个因素:BIAS 指标选取的参数大小、使用的标的品种、该品种所处的时期和阶段。一般来说,参数 N 的数值越大,则设置的分界线跨度应该越大;而品种交易越活跃,则分界线跨度也越大。这个分界线的合理阈值到底是多少,业界对此也并没有一个公允的判断标准,需要投资者根据各自不同的风险承受能力,运用合适的检验方法或者根据自己的经验法则去寻找。

2. 从 BIAS 的曲线形状方面考虑

比如,若 BIAS 指标出现从上到下的两个或多个下降的峰值,而此时市场价格仍在上升,则这很可能是卖出信号的指示;反之,若 BIAS 指标出现从下到上的两个或多个上升的谷值,而市场价格仍在下跌,则此时很可能是买入信号的指示。需要注意的是,若 BIAS 迅速达到近期的第一个峰值或谷值,则这往往是容易出现操作错误的时候,投资者应当特别小心。此外,还可以适当引入切线理论,将其与 BIAS 的曲线形状相结合,提高分析判断的准确度。

3. 从两条 BIAS 线结合方面考虑

我们可以将 BIAS(N) 作为短期曲线,并通过 M 期移动平均的方法构造出 BIASMA(M) 作为长期曲线。则当 BIAS 曲线在低位由下向上穿过 BIASMA 曲线,即金叉出现时,发出买入信号;BIAS 曲线在高位由上向下穿过 BIASMA 曲线,即死叉出现时,发出卖出信号。显然,这两条曲线的参数取值(即 N 和 M 的取值)是否合适,将对最终的分析结果和判断准确度起到最关键的作用。因而,下面我们将对该问题做重点探讨,并试图寻找出效果较优的参数设置,为投资者提供一定的参考。

五、MACD

(一) 含义

MACD 称为指数平滑移动平均线,属于趋势型指标,是从双指数移动平均线发展而来的,由快的指数移动平均线(EMA12)减去慢的指数移动平均线(EMA26)得到快线 DIF,再用"2×(快线 DIF－DIF 的 9 日加权移动均线 DEA)"得到柱状图。MACD 的意义和双移动平均线基本相同,即由快、慢均线的离散、聚合表征当前的多空状态和股价可能的发展变化趋势,但阅读起来更方便。当 MACD 从负数转向正数,是买的信号。当 MACD 从正数转向负数,是卖的信号。当 MACD 以大角度变化,表示快的移动平均线和慢的移动平均线的差距非常迅速地拉开,代表了一个市场大趋势的转变。

(二) 计算公式

以 EMA1 的参数为 12 日,EMA2 的参数为 26 日,DIF 的参数为 9 日为例来看看 MACD 的计算过程。

1. 计算移动平均值(EMA)

12 日 EMA 的算式为

$$EMA(12) = 前一日 EMA(12) \times 11/13 + 今日收盘价 \times 2/13$$

26 日 EMA 的算式为

$$EMA(26) = 前一日 EMA(26) \times 25/27 + 今日收盘价 \times 2/27$$

2. 计算离差值(DIF)

$$DIF = 今日\ EMA(12) - 今日\ EMA(26)$$

3. 计算 DIF 的 9 日 EMA

根据离差值计算其 9 日的 EMA,即离差平均值,是所求的 MACD 值。为了不与指标原名相混淆,此值又名 DEA 或 DEM。

"今日 DEA(MACD)=前一日 DEA×8/10+今日 DIF×2/10"计算出的 DIF 和 DEA 的数值均为正值或负值。

用"(DIF-DEA)×2"即为 MACD 柱状图。

(三)使用法则

(1) MACD 金叉:DIFF 由下向上突破 DEA,为买入信号。

(2) MACD 死叉:DIFF 由上向下突破 DEA,为卖出信号。

(3) MACD 绿转红:MACD 值由负变正,市场由空头转为多头。

(4) MACD 红转绿:MACD 值由正变负,市场由多头转为空头。

(5) DIFF 与 DEA 均为正值,即都在零轴线以上时,大势属多头市场,DIFF 向上突破 DEA,可作买入信号。

(6) DIFF 与 DEA 均为负值,即都在零轴线以下时,大势属空头市场,DIFF 向下跌破 DEA,可作卖出信号。

(7) 当 DEA 线与 K 线趋势发生背离时为反转信号。

(8) DEA 在盘整局面时失误率较高,但如果配合 RSI 及 KDJ 指标可适当弥补缺点。

六、DMI

(一)含义

DMI 指标又叫动向指标或趋向指标,属于趋势型指标,其全称叫 Directional Movement Index,简称 DMI,也是由美国技术分析大师威尔斯·威尔德(Wells Wilder)所创造的,是一种中长期股市技术分析(Technical Analysis)方法。

DMI 指标是通过分析股票价格在涨跌过程中买卖双方力量均衡点的变化情况,即多空双方的力量的变化受价格波动的影响而发生由均衡到失衡的循环过程,从而提供对趋势判断依据的一种技术指标。

(二)计算公式

DMI 指标的计算方法和过程比较复杂,它涉及 DM、TR、DX 等几个计算指标和+DI(即 PDI,下同)、-DI(即 MDI,下同)、ADX 和 ADXR 等 4 个研判指标的运算。

1. 计算的基本程序

以计算日 DMI 指标为例,其运算的基本程序主要为:

(1) 按一定的规则比较每日股价波动产生的最高价、最低价和收盘价,计算出每日股价的波动的真实波幅、上升动向值、下降动向值 TR、+DI、-DI,在运算基准日基础上按一定的天数将其累加,以求 n 日的 TR、+DM 和 DM 值。

(2) 将 n 日内的上升动向值和下降动向值分别除以 n 日内的真实波幅值,从而求出 n 日内的上升指标+DI 和下降指标-DI。

(3) 通过 n 日内的上升指标+DI 和下降指标-DI 之间的差和之比,计算出每日的动向值 DX。

(4) 按一定的天数将 DX 累加后平均,求得 n 日内的平均动向值 ADX。

(5) 再通过当日的 ADX 与前面某一日的 ADX 相比较,计算出 ADX 的评估数值 ADXR。

2. 计算的具体过程

(1) 计算当日动向值。

动向指数的当日动向值分为上升动向、下降动向和无动向等三种情况,每日的当日动向值只能是三种情况中的一种。

① 上升动向(+DM)。

+DM 代表正趋向变动值,即上升动向值,其数值等于当日的最高价减去前一日的最高价,如果≤0 则+DM=0。

② 下降动向(-DM)。

-DM 代表负趋向变动值,即下降动向值,其数值等于前一日的最低价减去当日的最低价,如果≤0 则-DM=0。注意:-DM 也是非负数。

再比较+DM 和-DM,较大的那个数字保持,较小的数字归零。

③ 无动向。

无动向代表当日动向值为"零"的情况,即当日的+DM 和-DM 同时等于零。有两种股价波动情况下可能出现无动向:一是当当日的最高价低于前一日的最高价并且当日的最低价高于前一日的最低价时;二是当上升动向值正好等于下降动向值时。

(2) 计算真实波幅(TR)。

TR 代表真实波幅,是当日价格较前一日价格的最大变动值。取以下三项差额的数值中的最大值(取绝对值)为当日的真实波幅:

① 当日的最高价减去当日的最低价的价差。

② 当日的最高价减去前一日的收盘价的价差。

③ 当日的最低价减去前一日的收盘价的价差。

TR 是①②③中的数值最大者。

（3）计算方向线 DI。

方向线 DI 是衡量股价上涨或下跌的指标，分为"上升指标"和"下降指标"。在有的股市分析软件上，＋DI 代表上升方向线，－DI 代表下降方向线。其计算方法如下：

$$+DI=(+DM \div TR) \times 100$$
$$-DI=(-DM \div TR) \times 100$$

要使方向线具有参考价值，则必须运用平滑移动平均的原理对其进行累积运算。以 12 日作为计算周期为例，先将 12 日内的＋DM、－DM 及 TR 平均化，所得数值分别为＋DM12，－DM12 和 TR12，具体如下：

$$+DI(12)=(+DM12 \div TR12) \times 100$$
$$-DI(12)=(-DM12 \div TR12) \times 100$$

随后计算第 13 天的＋DI12、－DI12 或 TR12 时，只要利用平滑移动平均公式运算即可。

上升或下跌方向线的数值永远介于 0 与 100 之间。

（4）计算动向平均数 ADX。

依据 DI 值可以计算出 DX 指标值。其计算方法是将＋DI 和－DI 间的差的绝对值除以总和的百分比得到动向指数 DX。由于 DX 的波动幅度比较大，一般以一定周期的平滑计算，得到平均动向指标 ADX。具体过程如下：

$$DX=(DI \ DIF \div DI \ SUM) \times 100$$

其中，DI DIF 为上升指标和下降指标的差的绝对值。

DI SUM 为上升指标和下降指标的总和。

ADX 就是 DX 的一定周期 n 的移动平均值。

（5）计算评估数值 ADXR。

在 DMI 指标中还可以添加 ADXR 指标，以便更有利于行情的研判。

ADXR 的计算公式为

$$ADXR=(当日的 \ ADX + 前 \ n \ 日的 \ ADX) \div 2$$

式中，n 为选择的周期数。

和其他指标的计算一样，由于选用的计算周期不同，DMI 指标包括日 DMI 指标、周 DMI 指标、月 DMI 指标、年 DMI 指标以及分钟 DMI 指标等各种类型。经常被用于股市研判的是日 DMI 指标和周 DMI 指标。虽然它们计算时的取值有所不同，但基本的计算方法一样。另外，随着股市软件分析技术的发展，投资者只需掌握 DMI 形成的基本原理和计算方法，无须去计算指标的数值，更为重要的是利用 DMI 指标去分析、研判股票行情。

（三）使用法则

1. 上升指标＋DI 和下降指标－DI 的研判功能

（1）当股价走势向上发展，而同时＋DI 从下向上突破－DI 时，表明市场上有新多买家进场，为买入信号，如果 ADX 伴随上升，则预示股价的涨势可能更强劲。

（2）当股价走势向下发展时，而同时＋DI 从上向下突破－DI 时，表明市场上做空力量在加强，为卖出信号，如果 ADX 伴随上升，则预示跌势将加剧。

（3）当股价维持某种上升或下降行情时，＋DI 和－DI 的交叉突破信号比较准确。但当股价维持盘整时，应将＋DI 和－DI 交叉发出的买卖信号视为无效。

2. 平均动向指标 ADX 的研判功能

ADX 为动向值 DX 的平均数，而 DX 是根据＋DI 和－DI 两数值的差和对比计算出来的百分比，因此利用 ADX 指标将更有效地判断市场行情的发展趋势。

（1）判断行情趋势。

当行情走势由横盘向上发展时，ADX 值会不断递增。因此，当 ADX 值高于前一日时，可以判断当前市场行情仍在维持原有的上升趋势，即股价将继续上涨，如果＋DI 和－DI 同时增加，则表明当前上升趋势将十分强劲。

当行情走势进入横盘阶段时，ADX 值不断递减。因此，判断行情时，应结合股价走势（＋DI 和－DI）进行判断。

当行情走势由盘整向下发展时，ADX 值也会不断递减。因此，当 ADX 值低于前一日时，可以判断当前市场行情仍维持原有的下降趋势，即股价将继续下跌，如果＋DI 和－DI 同时减少，则表示当前的跌势将延续。

（2）判断行情是否盘整。

当市场行情在一定区域内小幅横盘盘整时，ADX 值会出现递减情况。当 ADX 值降至 20 以下，且呈横向窄幅移动时，可以判断行情为牛皮盘整，上升或下跌趋势不明朗，投资者应以观望为主，不可依据＋DI 和－DI 的交叉信号来买卖股票。

（3）判断行情是否转势。

当 ADX 值在高点由升转跌时，预示行情即将反转。在涨势中的 ADX 在高点由升转跌，预示涨势即将告一段落；在跌势中的 ADX 值从高位回落，预示跌势可能停止。

七、PSY

（一）含义

心理线（PSY）指标是研究投资者对股市涨跌产生心理波动的情绪指标，属于能量型指标。它对股市短期走势的研判具有一定的参考意义。心理线（PSY）指标将一定时期内投资者趋向买方或卖方的心理事实转化为数值,从而判断股价的未来趋势。

（二）计算公式

$$PSY = \frac{N \text{ 日内上涨天数}}{N} \times 100$$

$$PSYMA = PSY \text{ 的 M 日简单移动平均}$$

参数 N 设置为 12 日,参数 M 设置为 6 日。

（三）使用法则

（1）一段下跌（上升）行情展开前,超买（超卖）的最高（低）点通常会出现两次。在出现第二次超买（超卖）的最高（低）点时,一般是卖出（买进）时机。由于 PSY 指标具有这种高点密集出现的特性,可给投资者带来充裕时间进行研判与介入。

（2）PSY 指标在 25～75 之间为常态分布。PSY 指标主要反映市场心理的超买超卖,因此,当心理线指标在常态区域内上下移动时,一般应持观望态度。

（3）PSY 指标超过 75 或低于 25 时,表明股价开始步入超买区或超卖区,此时需要留心其动向。当 PSY 指标百分比值超过 83 或低于 17 时,表明市场出现超买区或超卖区,价位回跌或回升的机会增加,投资者应该准备卖出或买进,不必在意是否出现第二次信号。这种情况在个股中比较多见。

（4）当 PSY 指标百分比值<10,是极度超卖。抢反弹的机会相对提高,此时为短期较佳的买进时机;反之,如果 PSY 指标百分比值>90,是极度超买。此时为短期卖出的有利时机。

（5）当 PSY 曲线和 PSYMA 曲线同时向上运行时,为买入时机;相反,当 PSY 曲线与 PSYMA 曲线同时向下运行时,为卖出时机。而当 PSY 曲线向上突破 PSYMA 曲线时,为买入时机;相反,当 PSY 曲线向下跌破 PSYMA 曲线后,为卖出时机。

（6）当 PSY 曲线向上突破 PSYMA 曲线后,开始向下回调至 PSYMA 曲线,只要 PSY 曲线未能跌破 PSYMA 曲线,都表明股价属于强势整理。一旦 PSY 曲线再度返身向上时,为买入时机;当 PSY 曲线和 PSYMA 曲线同时向上运行一段时间后,PSY 曲线远离 PSYMA 曲线时,一旦 PSY 曲线掉头向下,说明股价上涨的动能消耗较大,为卖出时机。

（7）当 PSY 曲线和 PSYMA 曲线再度同时向上延伸时,投资者应持股待涨;当 PSY 曲线在 PSYMA 曲线下方运行时,投资者应持币观望。

（8）当 PSY 曲线和 PSYMA 曲线始终交织在一起,于一个波动幅度不大的空间内运动时,预示着股价处于盘整的格局中,投资者应以观望为主。

八、OBV

（一）含义

能量潮指标（On Balance Volume，OBV），是由美国的投资分析家葛兰维（Joe Granville）所创，属于成交量型指标，该指标通过统计成交量变动的趋势来推测股价趋势。OBV 以"N"字型为波动单位，并且由许许多多"N"型波构成了 OBV 的曲线图，对一浪高于一浪的"N"型波，称其为"上升潮"（UP TIDE），至于上升潮中的下跌回落则称为"跌潮"（DOWN FIELD）。

能量潮是将成交量数量化，制成趋势线，配合股价趋势线，从价格的变动及成交量的增减关系，推测市场气氛。其主要理论基础是市场价格的变化必须有成交量的配合，股价的波动与成交量的扩大或萎缩有密切的关联。通常股价上升所需的成交量总是较大；下跌时，则成交量可能较大，也可能较小。价格升降而成交量不相应升降，则市场价格的变动难以为继。

（二）计算公式

以某日为基期，逐日累计每日上市股票总成交量，若隔日指数或股票上涨，则基期 OBV 加上本日成交量为本日 OBV。隔日指数或股票下跌，则基期 OBV 减去本日成交量为本日 OBV。一般来说，只是观察 OBV 的升降并无多大意义，必须配合 K 线图的走势才有实际的效用。

由于 OBV 的计算方法过于简单化，所以容易受到偶然因素的影响。为了提高 OBV 的准确性，可以采取多空比率净额法对其进行修正。

$$多空比率净额＝[（收盘价－最低价）－（最高价－收盘价）]÷（最高价－最低价）×V$$

该方法根据多空力量比率加权修正成交量，比单纯的 OBV 法具有更高的可信度。

（三）使用法则

（1）当股价上升而 OBV 线下降，表示买盘无力，股价可能会回跌。

（2）股价下降时而 OBV 线上升，表示买盘旺盛，逢低接手强股，股价可能会止跌回升。

（3）OBV 线缓慢上升，表示买气逐渐加强，为买进信号。

（4）OBV 线急速上升时，表示力量将用尽，为卖出信号。

（5）OBV 线从正的累积数转为负数时，为下跌趋势，应该卖出持有股票；反之，OBV 线从负的累积数转为正数时，应该买进股票。

（6）OBV 线最大的用处，在于观察股市盘局整理后，何时会脱离盘局以及突破后的未来走势，OBV 线变动方向是重要参考指数，其具体的数值并无实际意义。

（7）OBV 线对双重顶第二个高峰的确定有较为标准的显示，当股价自双重顶第一个高峰下跌又再次回升时，如果 OBV 线能够随股价趋势同步上升且价量配合，则可持续多头市场并出现更高峰。相反，当股价再次回升时 OBV 线未能同步配合，却见下降，则可能形成第二个顶峰，完成双重顶的形态，导致股价反转下跌。

九、BOLL

（一）含义

布林线指标，即 BOLL 指标，其英文全称是"Bollinger Bands"，布林线（BOLL）由约翰·布林先生创造，其利用统计原理，求出股价的标准差及其信赖区间，从而确定股价的波动范围及未来走势，利用波带显示股价的安全高低价位，因而也被称为布林带。其上下限范围不固定，随股价的滚动而变化。布林指标属路径指标，股价波动在上限和下限的区间之内，这条带状区的宽窄，随着股价波动幅度的大小而变化，股价涨跌幅度加大时，带状区变宽，涨跌幅度狭小盘整时，带状区则变窄。

（二）计算公式

在所有的指标计算中，BOLL 指标的计算方法是最复杂的，其中引进了统计学中的标准差概念，涉及中轨线（MB）、上轨线（UP）和下轨线（DN）的计算。另外，和其他指标的计算一样，由于选用的计算周期不同，BOLL 指标也包括日 BOLL 指标、周 BOLL 指标、月 BOLL 指标、年 BOLL 指标以及分钟 BOLL 指标等各种类型。经常被用于股市研判的是日 BOLL 指标和周 BOLL 指标。虽然它们计算时的取值有所不同，但基本的计算方法一样。

以日 BOLL 指标计算为例，其计算方法如下。

1. 布林线指标计算公式

$$中轨线＝N 日的移动平均线$$

$$上轨线＝中轨线＋两倍的标准差$$
$$下轨线＝中轨线－两倍的标准差$$

2. 布林线指标计算过程

（1）计算 MA。

$$MA＝N 日内的收盘价之和÷N$$

（2）计算标准差 MD。

$$MD=平方根(N-1)日的(C-MA)的两次方之和除以 N$$

（3）计算 MB,UP,DN 线。

$$MB=(N-1)日的 MA$$
$$UP=MB+K×MD$$
$$DN=MB-K×MD$$

式中,K 为参数,可根据股票的特性来做相应的调整,一般默认为 2。

3. 布林线指标表示

在股市分析软件中,BOLL 指标一共由四条线组成,即上轨线 UP 、中轨线 MB、下轨线 DN 和价格线。其中上轨线 UP 是 UP 数值的连线,用黄色线表示;中轨线 MB 是 MB 数值的连线,用白色线表示;下轨线 DN 是 DN 数值的连线,用紫色线表示;价格线是以美国线表示,颜色为浅蓝色。和其他技术指标一样,在实战中,投资者不需要进行 BOLL 指标的计算,主要是了解 BOLL 的计算方法和过程,以便更加深入地掌握 BOLL 指标的实质,为运用指标打下基础。

（三）使用法则

（1）当布林线的上、中、下轨线同时向上运行时,表明股价强势特征非常明显,股价短期内将继续上涨,投资者应坚决持股待涨或逢低买入。

（2）当布林线的上、中、下轨线同时向下运行时,表明股价的弱势特征非常明显,股价短期内将继续下跌,投资者应坚决持币观望或逢高卖出。

（3）当布林线的上轨线向下运行,而中轨线和下轨线却还在向上运行时,表明股价处于整理态势之中。如果股价是处于长期上升趋势时,则表明股价是上涨途中的强势整理,投资者可以持股观望或逢低短线买入;如果股价是处于长期下跌趋势时,则表明股价是下跌途中的弱势整理,投资者应以持币观望或逢高减仓为主。

（4）布林线的上轨线向上运行,而中轨线和下轨线同时向下运行,表明股价将经历一轮下跌,下跌的幅度将由开口的大小决定;反之,布林线的下轨线向下运行,而中轨线和上轨线同时向上运行,表明股价将经历一轮上涨,上涨的幅度将由开口的大小决定。这里不展开讨论。

（5）当布林线的上、中、下轨线几乎同时处于水平方向横向运行时,则要根据股价目前的走势处于什么样的情况来判断。

十、SAR

（一）含义

抛物线指标或停损转向操作点指标(Stop and Reverse,SAR),是由美国技术分析大师威尔斯·威尔德(Wells Wilder)所创造的,是一种简单易学、比较准确的中短期技术分析工具,属于停损指标。

(二)计算公式

和 MACD、DMI 等指标不相同的是,SAR 指标的计算公式相当烦琐。SAR 的计算工作主要是针对每个周期不断变化的 SAR 的计算,也就是停损价位的计算。在计算 SAR 之前,先要选定一段周期,比如 n 日或 n 周等,n 天或周的参数一般为 4 日或 4 周。接下来判断这个周期的股价是在上涨还是下跌,然后再按逐步推理的方法计算 SAR 值。

以计算 T_n 周期的 SAR 值为例,计算公式如下:

$$SAR(T_n) = SAR(T_{n-1}) + AF(T_n) \times [EP(T_{n-1}) - SAR(T_{n-1})]$$

式中,$SAR(T_n)$——第 T_n 周期的 SAR 值;

$SAR(T_{n-1})$——第 (T_{n-1}) 周期的值;

AF——加速因子(或叫加速系数);

EP——极点价(最高价或最低价)。

在计算 SAR 值时,要注意以下几项原则。

1. 初始值 $SAR(T_0)$ 的确定

若 T_1 周期中 $SAR(T_1)$ 呈上涨趋势,则 $SAR(T_0)$ 为 T_0 周期的最低价,若 T_1 周期呈下跌趋势,则 $SAR(T_0)$ 为 T_0 周期的最高价。

2. 极点价 EP 的确定

若 T_n 周期为上涨趋势,$EP(T_{n-1})$ 为 T_{n-1} 周期的最高价,若 T_n 周期为下跌趋势,$EP(T_{n-1})$ 为 T_{n-1} 周期的最低价。

3. 加速因子 AF 的确定

(1) 加速因子初始值为 0.02,即 $AF(T_0) = 0.02$。

(2) 若 T_{n-1},T_n 周期都为上涨趋势时,当 T_n 周期的最高价>T_{n-1} 周期的最高价,则 $AF(T_n) = AF(T_{n-1}) + 0.02$;当 T_n 周期的最高价≤T_{n-1} 周期的最高价,则 $AF(T_n) = AF(T_{n-1})$,但加速因子 AF 最高不超过 0.2。

(3) 若 T_{n-1},T_n 周期都为下跌趋势时,当 T_n 周期的最低价<T_{n-1} 周期的最低价,则 $AF(T_n) = AF(T_{n-1}) + 0.02$;当 T_n 周期的最低价≥T_{n-1} 周期的最低价,则 $AF(T_n) = AF(T_{n-1})$。

(4) 任何一次行情的转变,加速因子 AF 都必须重新由 0.02 起算。

比如,T_{n-1} 周期为上涨趋势,T_n 周期为下跌趋势(或 T_{n-1} 下跌,T_n 上涨),$AF(T_n)$ 需重新由 0.02 为基础进行计算,即 $AF(T_n) = AF(T_0) = 0.02$。

(5) 加速因子 AF 最高不超过 0.2,当 AF>0.2 时,AF 需重新由 0.02 起算。

4. SAR 值的确定

(1) 通过公式 $SAR(T_n)＝SAR(T_{n-1})＋AF(T_n)\times[EP(T_{n-1})－SAR(T_{n-1})]$，计算出 T_n 周期的值。

(2) 若 T_n 周期为上涨趋势，当 $SAR(T_n)＞T_n$ 周期的最低价(或 $SAR(T_n)＞T_{n-1}$ 周期的最低价)，则 T_n 周期最终 SAR 值应为 T_{n-1}，T_n 周期的最低价中的最小值；当 $SAR(T_n)\leqslant T_n$ 周期的最低价且 $SAR(T_n)\leqslant T_{n-1}$ 周期的最低价，则 T_n 周期最终 SAR 值为 $SAR(T_n)$，即 $SAR＝SAR(T_n)$。

(3) 若 T_n 周期为下跌趋势，当 $SAR(T_n)＜T_n$ 周期的最高价(或 $SAR(T_n)＜T_{n-1}$ 周期的最高价)，则 T_n 周期最终 SAR 值应为 T_{n-1}，T_n 周期的最高价中的最大值；当 $SAR(T_n)\geqslant T_n$ 周期的最高价且 $SAR(T_n)\geqslant T_{n-1}$ 周期的最高价，则 T_n 周期最终 SAR 值为 $SAR(T_n)$，即 $SAR＝SAR(T_n)$。

5. SAR 的计算基准周期参数

SAR 指标周期的计算基准周期的参数为 2，如 2 日、2 周、2 月等，其计算周期的参数变动范围为 2～8。

SAR 指标的计算方法和过程比较烦琐，对于投资者来说只要掌握其演算过程和原理，在实际操作中并不需要投资者自己计算 SAR 值，更重要的是投资者要灵活掌握和运用 SAR 指标的研判方法和功能。

（三）使用法则

(1) 当股票股价从 SAR 曲线下方开始向上突破 SAR 曲线时，为买入信号，预示着股价一轮上升行情可能展开，投资者应迅速及时地买进股票。

(2) 当股票股价向上突破 SAR 曲线后继续向上运动而 SAR 曲线也同时向上运动时，表明股价的上涨趋势已经形成，SAR 曲线对股价构成强劲的支撑，投资者应坚决持股待涨或逢低加码买进股票。

(3) 当股票股价从 SAR 曲线上方开始向下突破 SAR 曲线时，为卖出信号，预示着股价一轮下跌行情可能展开，投资者应迅速及时地卖出股票。

(4) 当股票股价向下突破 SAR 曲线后继续向下运动而 SAR 曲线也同时向下运动，表明股价的下跌趋势已经形成，SAR 曲线对股价构成巨大的压力，投资者应坚决持币观望或逢高减磅。

━━━━━━━━━━　思考与习题　━━━━━━━━━━

1. 指标的使用方法通常可以从哪些方面来进行？

2. 简述指标的分类。

3. 使用 MACD 的分析方法对自己感兴趣的股票或期货品种的日线级别进行历

史模拟交易,注意交易笔数至少 100 笔,观察交易效果。

　　4. 使用 KDJ 的分析方法对自己感兴趣的股票或期货品种的日线级别进行历史模拟交易,注意交易笔数至少 100 笔,观察交易效果。

　　5. 使用 BOLL 的分析方法对自己感兴趣的股票或期货品种的日线级别进行历史模拟交易,注意交易笔数至少 100 笔,观察交易效果。

　　6. 使用 ADL 的分析方法对自己感兴趣的股票或期货品种的日线级别进行历史模拟交易,注意交易笔数至少 20 笔,观察交易效果。

　　7. 使用 RSI 的分析方法对自己感兴趣的股票或期货品种的日线级别进行历史模拟交易,注意交易笔数至少 20 笔,观察交易效果。

　　8. 使用 BIAS 的分析方法对自己感兴趣的股票或期货品种的日线级别进行历史模拟交易,注意交易笔数至少 20 笔,观察交易效果。

　　9. 使用 DMI 的分析方法对自己感兴趣的股票或期货品种的日线级别进行历史模拟交易,注意交易笔数至少 20 笔,观察交易效果。

　　10. 使用 PSY 的分析方法对自己感兴趣的股票或期货品种的日线级别进行历史模拟交易,注意交易笔数至少 20 笔,观察交易效果。

　　11. 使用 OBV 的分析方法对自己感兴趣的股票或期货品种的日线级别进行历史模拟交易,注意交易笔数至少 20 笔,观察交易效果。

　　12. 使用 SAR 的分析方法对自己感兴趣的股票或期货品种的日线级别进行历史模拟交易,注意交易笔数至少 20 笔,观察交易效果。

第七章　技术分析理论

●●● ▶ **学习提示**

　　这一章介绍的两种理论，既包含理论知识，也包含应用技术，比如道氏理论的第六点就可以作为原趋势终结的出场信号和新的相反趋势开始的进场信号。波浪理论中对目标价位的预测技术也是投资者希望掌握的。

●●● ▶ **内容提要**

　　本章介绍两种技术分析理论，第一节介绍久负盛名的道氏理论，第二节介绍波浪理论。

●●● ▶ **学习目标**

　　掌握道氏理论的六大要点；掌握道氏理论的六大要点在实际交易中的应用价值；掌握波浪理论的主要观点。

第一节　道氏理论

　　在技术分析领域，道氏理论是所有市场技术分析（包括波浪理论、江恩理论等）的鼻祖，也是华尔街最悠久的股市分析理论，至今已有100多年的历史。尽管它经常因为"反应太迟"而受到批评，并且有时还受到那些拒不相信其判定的人士的讥讽（尤其是在熊市的早期），但只要对股市稍有经历的人都对它有所听闻，并受到大多数人的敬重。

　　该理论的创始人查尔斯·道，为了反映市场总体趋势，与爱德华·琼斯创立了著名的道琼斯平均指数。他们在《华尔街日报》上发表的有关股市的文章，经后人整理和继承发展，成为我们今天看到的道氏理论。

一、道氏理论基本要点

（一）平均价格包容消化一切因素

　　平均价格包容消化一切因素。这是技术分析理论的基本前提之一，可以理解成为，能够影响价格的任何因素——基础的，政治的，心理的或任何其他方面的——实际上都反映在价格之中。

(二) 市场有三种趋势

(1) 基本趋势(长期趋势、主要趋势、大趋势)。

持续一年或以上,大部分走势的涨跌幅一般超过 20%。

(2) 中期趋势(也称次要趋势、次级趋势)。

与基本趋势完全相反的方向,持续期超过 3 个星期,幅度为基本趋势的 1/3 至 2/3。

(3) 短期趋势(短暂趋势、小趋势)。

只反映价格的短期变化,持续时间不长。

其中,长期趋势最为重要,也是最容易被辨认、归类与了解,它是投资者主要的考量,对于投机者较为次要。中期与短期趋势属于长期趋势之中,唯有明白它们在长期趋势中的位置,才可以充分了解它们,并从中获利。

中期趋势对于投资者较为次要,但却是投机者的主要考量因素。它与长期趋势的方向可能相同,也可能相反,如果中期趋势严重背离长期趋势,则被认为是次级的折返走势或修正。对于次级折返走势,必须谨慎评估,不可将其误认为长期趋势的改变。

短期趋势最难预测。投机者与投资者仅在少数情况下才会关心短期趋势,在短期趋势中寻找适合的买进或卖出时机,以追求最大地获利或尽可能减少损失。

(三) 大趋势分为三个阶段

1. 牛市

(1) 积累期:以熊市末尾牛市开端为例,此时所有经济方面的所谓坏消息已经最终地为市场所包容消化,于是那些易机敏的投资商开始精明地逐步买进。

(2) 稳定期:商业新闻趋暖还阳。绝大多数的投资人技术性地顺应趋势开始跟进买入,从而价格快步上扬,成交量也开始增加。此时企业景气的趋势上升和公司盈余的增加吸引了大众的注意。在这个阶段,使用技术性分析的交易通常能够获得最大的利润。

(3) 鼎盛期:整个交易沸腾了。交易的结果经常出现在报纸的"第一版",增资迅速在进行中,"冷门股"交易逐渐频繁,没有投资价值的低价股的股价急速地上升。但是,却有越来越多的优良股票投资人拒绝跟进。这是最后一个阶段,报纸上好消息连篇累牍,经济新闻捷报频传,大众投资者积极入市,活跃地买卖,投机性交易量日益增长。正是在这个最后阶段,从市面上看起来谁也不想卖出,但是那些当初在熊市的底部别人谁也不愿买进的时候乘机"积累"、步步吃进的精明人,开始"消散",逐步抛出。

2. 熊市

(1) 出货期:它真正的形成是在前一个多头市场的最后一个阶段。此时成交量仍然很高。大众仍热衷于交易,但是,开始感觉到预期的获利已逐渐地消逝。

(2)恐慌期:想要买进的人开始退缩,而想要卖出的人则急着要脱手。价格下跌的趋势突然加速到几乎是垂直的程度,此时成交量的比例差距达到最大。

(3)悲观期:下跌趋势并没有加速。空头市场最后阶段的下跌是集中于这些业绩优良的股票。空头市场在坏消息频传的情况下结束。最坏的情况已经被预期了,在股价上已经实现了。通常,在坏消息完全出尽之前,空头市场已经过去了。

(四)各种平均价格必须相互验证

各种价格必须相互验证:原意是除非两个平均价格都同样发出看涨或看跌的信号,否则就不可能发生大规模的牛市或熊市。

具体而言,道氏理论中"各种平均价格必须相互验证"是指工业股指数与运输股指数应相互验证。即除非两个平均价格都同样发出看涨或看跌的信号,否则就不可能发生根本性逆转。换言之,为了标志涨势的发生,两种平均价格必须涨过各自的前一轮波涛的峰值。如果只有一个平均价格突破了前一个高峰,那么还不是涨势。两个平均价格也不必同时发出上涨信息,但是在时间上越接近越好。

(五)交易量必须验证趋势

道氏认为交易量分析是第二位的,但作为验证价格图表信号的旁证具有重要价值。简而言之,当价格在顺着大趋势发展的时候,交易量也应该相应速增。如果大趋势向上,那么在价格上涨的同时,交易量应该日益增加;而当价格下跌时,交易量应该日益减少。在一个下降趋势中,情况正好相反,当价格下跌时,交易量扩张,而当价格上涨时交易量则萎缩。当然,我们必须强调交易量是第二位的参照指标,道氏理论实际使用的买卖信号完全是以收盘价格为依据的。

(六)唯有发生了确凿无疑的反转信号之后,我们才能判断一个既定的趋势

这是目前广泛使用的顺应趋势方法的主要基础。这句话其实也是说一个既成趋势具有惯性,通常要继续发展。但如果有下面的两种情况出现,我们更好的选择是相信反转而不是惯性。第一种情况叫作"一蹶不振",第二种情况叫作"物极必反"。

1.一蹶不振

注意图7-1中,C点的上涨不能冲过A点,继而在C点下跌穿越前低B点形成的支撑线,由此就可以找到两个依次下跌的峰和依次下跌的谷。这表明,前一个低点B被跌破时,S点就是一个清晰的卖出信号。这种反转形态被叫作"一蹶不振"。

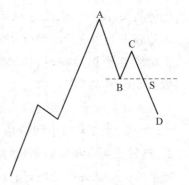

图7-1 一蹶不振

2. 物极必反

如图7-2所示,从A到B再到C的上涨都正常。但是从C点的下跌直接跌破前低B点,跌破的点位S_1点直到D点,尽管在S_1点,B点的支撑已经失败,但是有些人认为这不是一个良好的卖点,理由是这里只有依次降低的低点,却没有依次降低的高点。他们宁可看到价格再次回到F点而无力回到C点的高度,然后加上随之而来的下跌又低于D点之后,才认为这时的S_2点才是真正的卖出信号,至此既有依次下降的谷,也有依次下降的峰。

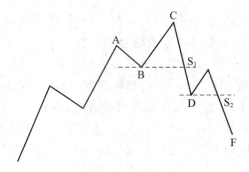

图7-2 物极必反

二、对道氏理论的一些批评

实事求是地说,多年来道氏理论在辨别主要牛市和熊市上是成功的。不过即使如此,它也难逃求全之苛。最常见的批评可能是嫌信号来得太迟。通常道氏理论的买入信号发生在上升趋势的第二阶段,即当市场向上穿越了从底部弹起的第一个峰值的时候。一般来说,在信号发生之前,我们大约错过了新趋势全部价格变化的20%～25%。顺便说一句,绝大部分顺应趋势的技术系统也是在此时确认和投入新趋势的。

奉行"因势导利"者对这种批评恐怕很熟悉。切记,道氏理论从来不是企图抢在趋势前头,而是力求及时揭示大牛市或大熊市的降临。根据现有的记录,它在这方面的表现应当说是相当优良的。一些统计材料表明,从1920年到1975年,道氏理论成功地揭示了工业股指和运输股指的所有大幅运动中的68%、标准普尔氏500种股指大动作的67%。

正如绝大多数顺应趋势系统的设计精神一样,道氏理论的目的是捕获市场重要运动中幅度最大的中间阶段。就这种意义上说,上述批评是不能成立的。另一方面,这种责难本身也表明批评者对顺应趋势理论缺乏了解。实质上没有哪个顺应趋势系统试图抓住底或顶,想抄底或压顶的人很少如愿以偿。

还有一种指责由来已久,说没人能真正买卖平均价格指数,而道氏理论并未说明何种股票当买或何种股票当卖。不过现在股票指数期货已顺利上市,交易者确实可以毫不关心个别股票而一心一意地"买卖指数"了。随着股票指数的日益盛行,也许道氏理论将来能为期货技术分析充当更为有力的工具。

道氏理论肯定也不会绝无谬误。它也有错误信号频频发生的糟糕日子。不过任何优良的信号系统也都有缺点和不足。要知道,道氏甚至不曾打算用他的理论去预测股市方向。他觉得,其真正价值在于利用股市方向来作为一般商业活动的"晴雨表"。道氏的洞察力令人惊叹不已,他不但为我们今天处处运用的预测方法奠定了基础,而且竟然在那时就已经认识到,股价指数是很好的经济先行指标。

第二节 艾略特波浪理论

一、理论简介

美国证券分析家拉尔夫·纳尔逊·艾略特利用道琼斯工业指数平均作为研究工具,发现不断变化的股价结构性形态反映了自然和谐之美。

美国证券分析家拉尔夫·纳尔逊·艾略特根据这一发现提出了一套相关的市场分析理论,精炼出市场的 13 种形态或波浪,在市场上这些形态重复出现,但是出现的时间间隔及幅度大小并不一定具有再现性。而后他又发现了这些呈结构性形态之图形可以连接起来形成同样形态的更大图形。这样提出了一系列权威性的演绎法则用来解释市场的行为,并特别强调波动原理的预测价值,这就是久负盛名的艾略特波浪理论。艾略特波浪理论是股票技术分析的一种理论,认为市场走势不断重复一种模式,每一周期由 5 个上升浪和 3 个下跌浪组成。艾略特波浪理论将不同规模的趋势分成九大类,最长的超大循环波是横跨 200 年的超大型周期,而次微波则只覆盖数小时之内的走势。但无论趋势的规模如何,每一周期由 8 个波浪构成这一点是不变的。

这个理论的前提是:股价随主趋势而行时,依五波的顺序波动,逆主趋势而行时,则依三波的顺序波动。长波可以持续 100 年以上,次波的期间相对短暂。

艾略特波浪理论包括三部分:型态、比率及时间,其重要性以排行先后为序。

艾略特波浪理论主要反映群众心理。越多人参与的市场,其准确性越高。

二、理论的主要观点

(一)一个完整的循环包括八个波浪

艾略特理论认为,不管是多头市场还是空头市场,每个完整循环都会有几个波段。多头市场的一个循环中前五个波段是推动的,后三个则是调整的;而前五个波段中,第1、3、5,即奇数是推动上升的,第2、4,即偶数,属于调整下跌,见图7-3。具体来看各个波浪的特性。

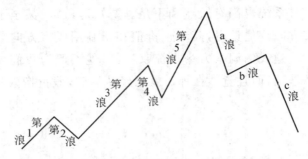

图7-3 波浪理论的八浪结构

第1浪:大约半数的第1浪属于营造底部形态的一部分。跟随这类第1浪出现的第2浪的调整幅度,通常较大;其余一半第1浪则在大型调整形态之后出现,这类第1浪升幅较为可观。

第2浪:有时调整幅度颇大,令市场人士误以为熊市尚未完结;成交量逐渐缩小,波幅较小,反映抛售压力逐渐衰竭;出现传统图表中的转向形态,比如头肩底、双底等。

第3浪:通常属于最具爆炸性的波浪;运行时间及幅度经常属于最长的一个波浪;大部分时间成为延伸浪;成交量大增;出现传统型图表的突破讯号,如缺口跳升等。

第4浪:经常以较为复杂的形态出现,以三角形调整形态运行的机会亦甚多,通常在低一级的对上一个第4浪之范围内完结,浪底不会低于第1浪的顶。

第5浪:股市中第5浪升幅,一般较第3浪为小。在期货市场,则出现相反情况,以第5浪成为延伸浪的机会较大;市场乐观情绪高于一切。

a浪:市场人士多数认为市势仍未逆转,只视为一个短暂的调整,平势调整形态的a浪之后,b浪将会以向上的"之"字形形态出现,如果a浪以"之"字形形态运行,则b浪多数属于平势调整浪。

b浪:升势较为情绪化,出现传统图表的牛市陷阱,市场人士误以为上一个上升浪尚未完结,成交疏落。

c浪:破坏力较强,与第3浪的特性甚为相似,全面性下跌。

(二)第三浪在1、3、5浪中绝不是最短的

在股票市场中多头市场或是空头市场,第3浪可能是最长的,即上升时升幅最大,下降时跌幅也最大。波浪理论认为在1、3、5浪中,第3浪绝不是最短的一浪。

（三）推动浪和调整浪将会交替进行

推动浪和调整浪是价格波动两个最基本型态,而推动浪(即与大市走向一致的波浪)可以再分割成五个小浪,一般用第1浪、第2浪、第3浪、第4浪、第5浪来表示,调整浪也可以划分成三个小浪,通常用a浪、b浪、c浪表示。

（四）波浪的层次

依据时间长短不一样,波浪理论中波浪的层次有九个,最大的时间尺度超过200年,最小的只有数小时。波浪可合并为高一级的浪,亦可以再分割为低一级的小浪。时间的长短不会改变波浪的形态,因为市场仍会依照其基本型态发展。波浪可以拉长,也可以缩短,但其基本型态永恒不变。

（五）波浪的分割原则

跟随主流趋势行走的波浪可以分割为低一级的五个小浪。不跟随主流趋势行走的波浪可以分为低一级的三浪结构。或者说推动浪宜分割为五浪结构,调整浪宜分割为三浪结构。

（六）假如三个推动浪中的任何一个浪成为延伸浪,其余两个波浪的运行时间及幅度会趋于一致

浪的延长是指在推动浪上出现额外的小五浪结构,以牛市为例,见图7-4。

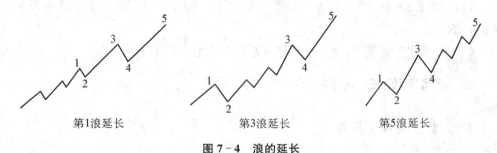

第1浪延长　　　　　　第3浪延长　　　　　　第5浪延长

图7-4　浪的延长

依据交替原则,假如三个推动浪中的任何一个浪成为延伸浪,其余两个波浪的运行时间及幅度会趋于一致。

（七）第4浪的浪底,不可以低于第一个浪的浪顶

第4浪的终点有下列四个可能性:

(1) 调整第3浪的38.2%;

(2) 回吐至低一级的第4浪范围之内,也就是第3浪的第4浪;

(3) 如果以平坦形或"之"字形出现,c浪与a浪的长度将会相同;

(4) 可能与第2浪的长度相同。

数浪规则另一项天条规定,第4浪的底不可以低于第1浪的顶。唯一例外,是第5浪的斜线三角形运行的时候。

第4浪经常以三角形形态运行,其中包括四种三角形:上升三角形、下跌三角形、对称三角形及喇叭三角形。第2浪与第4浪的关系,在于两者会以不同形态出现,简而言之,如果第2浪属于平坦调整浪,第4浪会以三角形或"之"字形运行。另一方面,假设第2浪的"之"字形调整浪运行,第4浪则可能以平坦形或三角形出现。通常来说,第4浪倾向于以较为复杂的形态露面。当一组五个波浪上升市势完结之后,根据第4浪的特性,该组五个波浪的第4浪,构成下一次调整市势可能见底的目标。

(八)黄金分割率理论和菲波纳奇数字组合是波浪理论的数据基础

(1)经常遇见的回吐比率为0.382、0.5及0.618。

(2)把第1浪乘以1.618,然后加到第2浪的底点就可以得出第3浪的起码目标价位。

(3)把第1浪乘以3.236(=1.618×2),然后分别加到第1浪的顶点和底点就可以得出第5浪的最大最小目标价位。

(4)如果第1浪和3浪大致相等,我们就预期第5浪延长。其价格目标的估算方法,先量出从第1浪底点到3浪顶点的距离,再乘以1.618,最后加到第4浪的底点上。

(5)c浪长度的一种估算方法是把a浪的长度乘以0.618,然后从a浪的底点减去所得的积。

(6)在对称三角形中,每一个后续浪都约等于前一浪的0.618倍。

三、波浪理论三个原则

(一)修正波纵深原则

用来衡量修正波回撤幅度,通常修正波会达到小一级别4浪低点附近。在强势行情中,只创新高不创新低,此时的小一级别4浪低点会是一个很好的支撑位,可以借此跟进止损。

(二)黄金分割原则

黄金分割原则即波动比率呈现黄金分割比率。例如,3浪为1浪的1.618,2.618…;2浪回调为1浪的0.382,0.5,0.618;4浪回调为3浪的0.382,0.5;5浪为1~3浪的0.618。在时间上同样呈现此原则。

(1)黄金比例既可以帮我们实现很好地进场,又可以实现很好地出场,如果你能与市场融为一体,这些神秘的黄金数字会成为你的"终身伴侣"。

（2）1.618可以反过来加以确定眼前的3浪是否是真正的3浪,如果3浪连1浪的1.618都到不了,那它多半不是3浪。如果能判断市场要出现延长的大行情,那么市场通常会到前面一浪的2.618倍位置上,给予了一个非常好的参考目标。

（3）在趋势初期,回撤幅度多为0.618,如果回撤以平台形进行,则多为0.5;在趋势中期,当趋势逐渐明显时,市场回撤0.618的概率开始下降,而是期待偏向于0.5的回调位。

（三）交替原则

即简单与复杂、上升与下跌、推动与调整、规则与不规则。修正波呈现交替现象,如2浪为锯齿,则4浪可能为平台型或三角形等,反之亦然;在时间上也存在此现象,2浪急剧回调,则4浪可能长时间复杂调整,反之亦然;复杂程度上,2浪简单,则4浪复杂,反之亦然。若第2浪为"复式",则第4浪便可能为"单式"。

（1）小的调整匹配着小的推动,中等调整也预示着中等的驱动,大的调整则是在蓄积一波大幅的推动行情,眼前是一个小级别的调整则做好小推动的操作打算,眼前是一个大级别的调整则做好大推动的操作计划。

（2）如果2浪出现了简单性调整,则4浪多以复杂的调整,如果2浪调整的时间很短,基本可以判断4浪调整的时间不会很短,可以用已知的去预知即将到来的,从而提高了操作胜算。如果2浪走出了很规则的形态,要注意4浪可以走出不太规则的形态。

四、艾略特波段理论缺陷

（一）波浪理论家对波浪的看法并不统一

每一个波浪理论家,包括艾略特本人,很多时候都会受一个问题的困扰:一个浪是否已经完成而开始了另外一个浪呢?有时甲看是第1浪,乙看是第2浪。差之毫厘,失之千里。看错的后果却可能十分严重。一套不能确定的理论用在风险奇高的股票市场,运作错误足以使人损失惨重。

（二）怎样才算是一个完整的浪,也无明确定义

在股票市场的升跌次数绝大多数不按五升三跌这个机械模式出现。但波浪理论家却曲解说有些升跌不应该计算入浪里面。数浪完全是随意主观。

（三）浪的延长

波浪理论有所谓延长浪,有时五个浪可以伸展成九个浪。但在什么时候或者在什么准则之下波浪可以延长呢?艾略特却没有明言,使数浪这回事变成各自启发,自己去想。

（四）波浪理论不能运用于个股的选择上

波浪理论适合指数分析，不适合个股。

思考与习题

1. 简述道氏理论的六个要点。
2. 简述道氏理论第六个要点的表现形式。
3. 简述波浪理论的主要观点。
4. 观察上证指数（行情代码999999）日线图，并依据波浪理论来画浪。
5. 观察上证指数（行情代码999999）日线图，体会波浪理论中的交替原则。

第八章　量化交易

量化交易是最近几年实务界比较推崇的交易方法,在成熟发达国家投资市场使用非常普遍,在很多方面优于传统交易。量化交易可以分为自动化交易、数量化投资交易、程序化交易、算法交易、高频交易。这五种交易方式是计算机技术和交易技术发展到不同阶段的产物。

●●● ▶ 内容提要

从 20 世纪 50 年代开始,计算机技术不断发展,计算机技术在交易领域的发展趋势就是量化交易的兴起,本章第一节概述量化交易,第二节介绍程序化交易,第三节介绍算法交易,第四节介绍高频交易。

●●● ▶ 学习目标

了解量化交易的概念、特点;了解程序化交易的优势;了解算法交易的目的;了解高频交易的含义和特点。

第一节　量化交易概述

一、量化交易的概念

量化交易是指以先进的数学模型替代人为的主观判断,利用计算机技术从庞大的历史数据中海选能带来超额收益的多种"大概率"事件以制定策略,极大地减少了投资者情绪波动的影响,避免在市场极度狂热或悲观的情况下做出非理性的投资决策。

二、量化交易的特点

定量投资和传统的定性投资本质上来说是相同的,二者都是基于市场非有效或弱有效的理论基础。两者的区别在于定量投资管理是"定性思想的量化应用",更加强调数据。量化交易具有以下几个方面的特点。

（一）纪律性

根据模型的运行结果进行决策，而不是凭感觉。纪律性既可以克制人性中贪婪、恐惧和侥幸心理等弱点，也可以克服认知偏差，且可跟踪。

（二）系统性

具体表现为"三多"。一是多层次，包括在大类资产配置、行业选择、精选具体资产三个层次上都有模型；二是多角度，定量投资的核心思想包括宏观周期、市场结构、估值、成长、盈利质量、分析师盈利预测、市场情绪等多个角度；三是多数据，即对海量数据的处理。

（三）套利思想

定量投资通过全面、系统性的扫描捕捉错误定价、错误估值带来的机会，从而发现估值洼地，并通过买入低估资产、卖出高估资产而获利。

（四）概率取胜

一是定量投资不断从历史数据中挖掘有望重复的规律并加以利用；二是依靠组合资产取胜，而不是单个资产取胜。

三、量化交易的应用

（一）选股

量化选股就是用量化的方法选择确定的投资组合，期望这样的投资组合可以获得超越大盘的投资收益。常用的选股方法有多因子选股、风格轮动选股、行业轮动选股、资金流选股、动量反转选股、趋势跟踪选股等。

1. 多因子选股

多因子选股是最经典的选股方法，该方法采用一系列的因子（如市盈率、市净率、市销率等）作为选股标准，满足这些因子的股票被买入，不满足的被卖出。比如巴菲特这样的价值投资者就会买入低 PE 的股票，在 PE 回归时卖出股票。

2. 风格轮动选股

风格轮动选股是利用市场风格特征进行投资，市场在某个时刻偏好大盘股，某个时刻偏好小盘股，如果发现市场切换偏好的规律，并在风格转换的初期介入，就可能获得较大的收益。

3. 行业轮动选股

行业轮动选股是指由于经济周期的原因,有些行业启动后会有其他行业跟随启动。通过发现这些跟随规律,我们可以在前者启动后买入获得更高的收益。不同的宏观经济阶段和货币政策下,可能产生不同特征的行业轮动特点。

4. 资金流选股

资金流选股是利用资金的流向来判断股票走势。巴菲特说过,股市短期是投票机,长期看一定是称重机。短期投资者的交易,就是一种投票行为,而所谓的票,就是资金。如果资金流入,股票应该会上涨;如果资金流出,股票应该下跌。所以根据资金流向就可以构建相应的投资策略。

5. 动量反转选股

动量反转选股方法是利用投资者投资行为特点而构建的投资组合。索罗斯所谓的反身性理论强调了价格上涨的正反馈作用会导致投资者继续买入,这就是动量选股的基本根据。动量效应就是前一段强势的股票在未来一段时间继续保持强势。在正反馈到达无法持续的阶段,价格就会崩溃回归,在这样的环境下就会出现反转特征,就是前一段时间弱势的股票,未来一段时间会变强。

6. 趋势跟踪

当股价在出现上涨趋势的时候进行买入,而在出现下降趋势的时候进行卖出,本质上是一种追涨杀跌的策略,很多市场由于羊群效用存在较多的趋势,如果可以控制好亏损时的额度,坚持住对趋势的捕捉,长期下来是可以获得额外收益的。

(二) 择时

量化择时是指采用量化的方式判断买入卖出点。如果判断是上涨,则买入持有;如果判断是下跌,则卖出清仓;如果判断是震荡,则进行高抛低吸。

常用的择时方法有:趋势量化择时、市场情绪量化择时、有效资金量化择时、SVM 量化择时等。

(三) 统计套利

统计套利是利用资产价格的历史统计规律进行的套利,是一种风险套利,其风险在于这种历史统计规律在未来一段时间内是否继续存在。

统计套利的主要思路是先找出相关性最好的若干对投资品种,再找出每一对投资品种的长期均衡关系(协整关系),当某一对品种的价差(协整方程的残差)偏离到一定程度时开始建仓,买进被相对低估的品种、卖空被相对高估的品种,等价差回归均衡后获利了结。股指期货对冲是统计套利较常采用的一种操作策略,即利用不同国家、地区或行业的指数相关性,同时买入、卖出一对指数期货进行交易。在经济全球化条件下,各个国家、地区和行业股票指数的关联性越来越强,从而容易导致股指系统性风险的产生,因此,对指数间的统计套利进行对冲是一种低风险、高收益的交易方式。

（四）算法交易

算法交易又称自动交易、黑盒交易或机器交易,是指通过设计算法,利用计算机程序发出交易指令的方法。在交易中,程序可以决定的范围包括交易时间的选择、交易的价格,甚至包括最后需要成交的资产数量。

（五）高频交易

高频交易是指从那些人们无法利用的极为短暂的市场变化中寻求获利的计算机化交易,比如,某种证券买入价和卖出价差价的微小变化,或者某只股票在不同交易所之间的微小价差。这种交易的速度如此之快,以至于有些交易机构将自己的"服务器群组"安置到了离交易所的计算机很近的地方,以缩短交易指令通过光缆以光速旅行的距离。

（六）仓位管理

仓位管理就是在你决定投资某个股票组合时,决定如何分批入场,又如何止盈止损离场的技术。

常用的仓位管理方法有漏斗形仓位管理法、矩形仓位管理法、金字塔形仓位管理法等。

（七）止盈止损

止盈,顾名思义,在获得收益的时候及时卖出,获得盈利;止损,在股票亏损的时候及时卖出股票,避免更大的损失。

及时的止盈止损是获取稳定收益的有效方式。

四、量化策略简介

（一）多因子选股模型

多因子模型是应用最广泛的一种选股模型,基本原理是采用一系列的因子(技术面指标和公司基本数据)作为选股标准,满足这些因子的股票则被买入,不满足的则卖出或不买入。

多因子的换仓时间一般为一个星期到一个季度之间,综合考量 A 股市场的交易成本,选择较多的是每个月一换,多因子模型是所有量化模型中市场容量最大的模型。

（二）普通指数基金和增强指数基金

1. 普通指数基金

普通指数基金是买入指数成分股，使用完全复制法复制股票指数的基金。目前的技术手段基本可以做到跟踪偏离度小于0.2%，年化跟踪误差小于2%。指数基金的主要要求在于减少跟踪误差，但是由于每日申购赎回和停牌等问题会影响基金持有的投资组合对于指数的跟踪，基金管理人可以通过对历史数据的量化分析从而确定替代股以减少跟踪误差。

2. 增强指数基金

增强指数基金通过把80%的资金用于复制指数，15%的资金用于投资量化选股模型以获得超额收益。量化选股模型包括多因子模型、事件驱动模型等。一般而言，量化模型的待选股票池为所跟踪的指数所包含的股票。

（三）事件驱动模型

事件驱动策略，也被称为主题投资，是多因子模型以外的另一个被广泛使用的选股模型。从数量化角度来看，事件驱动选股的方法分为两个步骤：第一步是找到驱动因子。驱动因子分为两类：一类是纯时间驱动因子，如限售股解禁前后；另一类是"时间＋指标"双重驱动因子，如盈利超预期的股票，其中定期报表公布的时间为时间驱动因子，盈利是否超预期是指标驱动因子。第二步是找到驱动因子和股票超额收益之间的关系：对于纯时间驱动因子，我们关心何时有超额收益；对于"时间＋指标"双重驱动因子，我们关心什么样的股票在何时有超额收益。

A股市场上主要的事件有：定向增发，定增破发，大股东和高管增持，股权激励，并购重组等。

1. 定向增发

定向增发属于上市公司再融资的一种，主要是指上市公司以新发行一定数量的股份为对价，取得特定人资产的行为。定向增发的价格具有一定的指引作用，往往被市场视为产业资本认可的公司价值下限。在预案公告日或者股东大会日买入公布定向增发预案的股票，并持有一段时间再卖出，这个策略有很低的下行风险但并未降低可能的收益，因此综合起来看，定向增发事件有超额收益。

2. 定增破发

定增破发是指当股价跌破定增价格的一定比例以后买入，然后持有到解禁日卖出。其投资逻辑为参与定增的大股东或机构在股价破发之后倾向有提升股价的动力。

3. 大股东和高管增持

大股东和高管增持事件是指大股东或者高管在二级市场的买入本公司股票

的行为。从逻辑上分析,他们的增持行为可以反映出管理层和大股东对于公司股价及公司未来发展状况的态度,大量的买入行为可能表示其认为目前公司价值被低估、价值提升空间较大,或者对于公司未来经营充满信心,认为公司未来的发展前景较好。从 20 世纪六七十年代至今,大股东和高管增持行为与股票收益关系问题一直是国内外学术界关注的焦点,已有大量研究表明大股东和高管增持行为的确包含着对股价有价值的信息,增持公告后能够获得显著的超额收益。

4. 股权激励

股权激励是指公司股东对管理层实施的激励行为,一般来说激励与公司股价或业绩相挂钩,股权激励投资逻辑如下:

(1) 短期获取股权激励信息对市场预期的改变。

(2) 长期获取股权激励对上市公司业绩的促进。

(3) 统计显示仅 20%股权激励停止实施,即 80%股权激励成功实施,所以大概率上市公司业绩达到股权激励条件。

(4) 股权激励一般实施 3 年左右,每年要求业绩有一定的增长,业绩增长具备持续性。

(5) 业绩条件较高,为了达到股权激励目标,公司采取并购重组外延式扩张的可能性较高。

5. 并购重组

并购重组是指不同公司合并成立新的公司的过程,通过并购重组能够整合优化经营资源的配置结构,获得协同效应,增加经济规模,并减少无效竞争,因此并购重组也是值得关注的事件驱动策略。

(四)ALPHA 策略(量化对冲策略)

量化策略有时需要对冲,"对冲"指对冲掉市场风险,不赌市场方向,无论市场是上涨还是下跌,均以获取绝对收益为目标,量化对冲追求的是长期收益,细水长流。由于对冲,会使得其在长期内非常稳定,回撤幅度非常小,长期来看几乎是一条倾斜的向上的曲线。对冲策略一般并不单独使用,而是与其他策略混合使用,如对冲策略与多因子策略相结合,用与现货市值相对应的期货空头相对冲,这样就能规避掉市场整体的宏观风险,降低策略的回撤,获取阿尔法收益。

(五)无风险套利

证券市场的无风险套利只有股指期货的期现套利和商品期货的期现套利,下面以股指期货的期现套利为例来看其基本原理。利用股票组合与股指期货的价差,当股指期货价格超过股票组合一定空间后,则买入股票组合同时做空股指期货,然后等到价差归零后,双向平仓的套利方式。

(六)统计套利

统计套利的精髓在于控制每一次套利的风险,使得单次可能的最大损失不足以对本金产生显著影响,从而长期来看统计套利的风险较低。策略主要有组合统计套利(主元分析)、分级基金折溢价套利、跨品种套利、跨市场套利、跨期套利、基金封转开套利等。

1. 组合统计套利

组合统计套利,买入一揽子价值低估的股票同时做空"一揽子"价值高估的股票,策略思想和配对交易如出一辙,只是数学模型更为复杂。它一般使用多元统计分析的方法,诸如主元分析、独立成分分析等,对股票池进行分析。据此在股价偏离相关性的时候可选择多空组合,待回复以后再平仓。由于目前 A 股市场融券规模很小,组合统计套利策略难以实施。

2. 分级基金折溢价套利

分级基金套利属于统计套利的一种,基本原理就是利用分级基金在二级市场的折溢价来赚钱。分级基金的套利机制是这样的:当基金二级市场价格高于基金的单位净值时,申购母基金份额,并将持有的母基金基金份额拆分为 A、B 份额在二级市场卖出;当基金二级市场价格低于基金的单位净值时,投资者可以在二级市场买入基金 A、B 份额合并为母基金并赎回。

分级基金二级市场价格与单位净值之间的差额再扣除相关的交易费用即为投资者的套利收益。由于分级基金的正反向套利会有两到三天的持仓风险,因此单次套利可能会亏损,但长期来看,每次套利市场上涨的平均收益和下跌的平均风险相互抵消,因此折溢价部分即是统计上的收益。

3. 跨品种套利

跨品种套利就是买入未来可能强势的股票,同时做空未来可能弱势的股票。统计数据显示,很多股票之间有着相同的走势,如工商银行和建设银行之间的走势很接近,某段时间工商银行突然拉升,则可以立刻融券做空工商银行,同时做多建设银行。和上例子类似,期货跨品种套利则在两个关联度较高期货品种的价差偏离历史均值较大时,同时做多和做空它们,比如大豆和豆粕。在价差回归历史均值时,获利平仓。

4. 跨市场套利(AH 股套利)

跨市场套利的基本思路与跨品种套利类似,比如同一公司的 A 股和 H 股的比价长期稳定在一个比值上,但比值突然减小,这时候可以做空此公司的 H 股并做多 A 股。

5. 跨期套利

跨期套利的基本思路与上述两种套利类似,一般运用在同一大宗商品或者指数的不同到期日的期货合约上,当远月合约与近月合约的价差超过一定阈值就可以做多被低估的,做空被高估的。

6. 基金封转开套利

封闭式基金在二级市场上交易时一般都相对其净值有一定的折价,因此在封闭式基金到期或者是转为开放式基金前可以购入,并等待到期赎回,从而获得其折价的那部分。

(七)期权/可转债和标的之间的套利

权证与标的之间的套利在于寻找权证偏离其合理价格的机会,通过权证和标的多空组合构建"只赚不赔"的资产组合。

1. 期权与标的之间的套利

期权套利是一个较为复杂的策略,它牵涉到同时买入不同认购期权、认沽期权、期货以及现货来构造一个无风险的组合,并赚取其中的价差。期权价格的失衡通常来自市场波动增加、交易量变化,简单来说,期权套利很大程度上取决于对标的资产的合理定价。通常的期权套利策略有买卖权平价套利(两个期权)、期权价差套利(两个期权)、期权凸性套利(碟式套利或鹰式套利,三个期权)、箱体价差套利策略(四个期权)等。

2. 可转债和标的之间的套利

可转债的套利就属于一种较为简单的套利类型。可转债的转换平价(转换平价＝可转债市价÷转换比率＝可转债市价×股价÷100。一旦实际股票价格上升到转换平价水平,任何进一步的股价上升都肯定会使可转债的价值增加。因此,转换平价可视为一个盈亏平衡点。如果转换平价低于股票市价称为转换贴水;反之则称为转换升水。正常情况下可转债表现为转换升水,如果出现转换贴水,则有套利机会)与其标的股票的价格产生折价时,两者间就会产生套利空间。如果套利操作的成本足够小,人们就可以通过套利交易实现其中的价差收益。在海外成熟市场,可转债套利的基本思路是"做多可转债,做空股票"。

(八)单一证券的量化交易策略

单一证券的量化交易策略主要是通过单一品种(如期货、证券)的价量关系形成的技术指标进行交易,这些技术指标包含趋势指标、震荡指标、压力指标和价量指标以及能量指标等。

在前几年,市场有效性理论被许多人理解为股票价格服从随机漫步模型。但对任何营利性的技术交易规则来说,股票的收益必须是可预测的,所以使用随机漫步模型的人也就排除了技术分析的使用价值。近期学术界对技术分析的态度大多持肯定态度。关于股票的可预测性的文献有很多,研究中提供了大量证据,对技术分析进行了样本外检测,发现技术分析可以带来额外收益。虽然技术分析为何能增加投资过程的价值很难从理论角度给出解释,但是技术分析成功的交易策略都是以过去的价格等信息为基础。

为了避免单纯的技术分析带有的模糊性和适用性问题,量化投资将按照各个技术指标所进行的交易进行回测,从而选择最适合相应品种的技术指标进行交易并设置止损线。

五、量化策略的生命周期

一个策略往往会经历产生想法、实现策略、检验策略、运行策略、策略失效几个阶段。

(一)产生想法

任何人任何时间都可能产生一个策略想法,可以根据自己的投资经验,也可以根据他人的成功经验。

(二)实现策略

从产生想法到实现策略是最大的跨越。

(三)检验策略

策略实现之后,需要通过历史数据的回测和模拟交易的检验,这也是实盘前的关键环节,筛选优质的策略,淘汰劣质的策略。

(四)运行策略

投入资金,通过市场检验策略的有效性,承担风险,赚取收益。

(五)策略失效

市场是千变万化的,需要实时监控策略的有效性,一旦策略失效,需要及时停止策略或进一步优化策略。

六、量化交易的优势

(一)比较强的可度量性

作为采用数量化手段构建而成并进行决策的交易策略,其在构建过程以及决策过程中,都是可以被精确度量的。对比而言,主观化、定性化的交易策略虽然在复盘等过程中可以得到数量化的交易结果,但是由于缺乏整体性的精确度量,因此局部的定量化结果往往波动较大,在很大程度上不具备稳定的刻画能力。

(二)可验证性

由于未来数据的不可得,实际上交易员在判断一个交易策略时,很大程度上都依赖于策略在历史数据上的测试结果。然而主观的交易策略在复盘或者其他测试过程中含有人为判断的成分,因此历史验证就成了一个不可精确重复,缺乏稳定性和说服力的部分,这对于此类交易策略而言是一个比较严重的缺陷。量化交易策略就不存在这个问题,在策略构建和策略表述数量化的基础上,多次重复历史回溯测试均能够得到一致的结果。如果测试结果是正向的,至少可以说明该量化交易策略在历史检验上具有盈利能力。

(三)较强的客观性

由于构建交易策略的过程中数量化手段占主导地位,交易决策更是具有明确的数量化规则,因此量化交易策略可以在很大程度上规避策略开发者的主观臆断,在构建的过程中始终获得客观地对待。同时,明确的数量化交易决策规则这一特点,也使得交易员在执行量化交易策略时,有希望完全排除情绪对于整个交易过程的干扰和影响。基于数量化规则,量化交易策略本身具备相当的独立性,不需要交易员的主观判断也可以完整地指导整个交易流程。而主观的交易策略由于在交易操作中需要持续的人为控制和判断,因此不可避免地存在一定的偏向。行为经济学里研究了很多相关的问题,包括损失厌恶偏向、过度自信偏向、参考点偏向等等,都是一些人类固有的行为偏向。当这些客观存在的偏向影响到交易策略的实际执行时,交易结果的预期从最优点处发生偏移就无法避免了。虽然量化交易策略不可能帮助我们完全地规避这些问题,但是数量化的框架和规则确实可以尽量减小这些不安定因素所带来的损害。上面所说的排除情绪化操作,实际上也包含了交易员常常谈到的一致性,也就是保证交易策略在执行过程中,使用相同的交易规则,其中包括买入点、卖出点、交易仓位大小的确定等等。如果交易员在执行量化交易策略时不主动加入人为判断,量化的交易规则可以帮助其很轻松地完成这个任务。更为重要的是,量化交易策略可以做到历史验证过程和实际交易行为的一致性,因为不论是真实交易决策,还是历史回溯测试,所参照的交易规则都是由数量化表达精确定义了的。这种整体上的一致性,是绝大部分主观交易策略都无法保证的。

(四)比较好的可移植性

量化交易策略的数量化特点,及其带来的一致性,使得这种策略具备了比较好的可移植性。除非使用特定的量化因素,一般而言量化交易策略是比较容易在一个市场或者资产上证实有效后，移植到其他的市场或资产上使用的。例如，当策略使用的量化数据仅限于价格时，所有存在报价的市场都能够使用历史数据来验证这种量化交易策略。而当使用的量化数据包括价格和成交量时，除了外汇市场等少数情况外，量化交易策略也是能够移植到其他大部分的场内交易市场上的。量化交易策略所使用的数据的可得性越强，其移植能力也就越强。同时，由于量化交易策略可以很方便地得到数量化的验证结果，收益、风险等策略特征都能够通过数据形式得以呈现。因此，在量化交易策略被应用到多个市场或者资产上时，策略开发人员可以通过数量化结果这样的直观形式来进行横向对比，从而针对性地选取适合某一特定量化交易策略的市场，或者在多个市场之间进行配比。而由于量化交易策略的执行过程中不需要交易员的主观判断，因此相比于主观化的交易策略，其有能力同时覆盖大量的市场和资产，这对于投资组合的分散化来说具有很好的辅助作用。在现实中，大部分的量化基金都持有数量较多的资产和资产种类来组成投资组合，这正是利用了量化交易策略的特性从而更方便地分散风险。另一方面，对于量化交易策略而言，这种多个市场间的策略移植所需要的成本很小，在一些情况下甚至不需要变动原先的基础工具，因此降低了研发成本，同时节省了宝贵的研发时间。而量化交易策略不仅仅可以在策略研发的过程中帮助节省时间、降低成本，由于其具有非常明确的数量化规则用以指导交易，因此策略在实际使用的过程中可以脱离人为判断，执行速度更快，运作效率得到了提高。不论是否采用程序化的执行手段，量化交易策略都能够在实际交易中减少人的负担，也就减少了许多重复性的劳动，对于一个交易策略的控制者而言，就能够把更多的精力放在最为核心的策略创新上。

（五）减小对所谓的明星交易员的依赖

实际上就整个行业的状况而言，量化交易策略还有一个不太被人提及的优点或者说特点，那就是能够在一定程度上帮助公司减小对所谓的明星交易员的依赖。由于在交易流程当中，做决策的不再是具体的交易员，而是已经具有明确规则的量化交易策略，因此在量化交易策略研发完毕，甚至只是核心理念构建完成之后，公司对于量化交易策略的研发者的依赖程度就会迅速下降，这一方面可以帮助公司在人员配置上减少支出，更重要的是提高了公司对于交易整体的控制程度。整个公司系统的核心优势在于量化交易策略本身，因此不会由于人员变动等问题而非常迅速地消失，有利于公司在量化交易方面保持长期稳定。

七、量化交易的劣势

量化交易一般会经过海量数据仿真测试和模拟操作等手段进行检验，并依据一定的风险管理算法进行仓位和资金配置，实现风险最小化和收益最大化，但往往也会存在一定的潜在风险，具体包括以下几点。

（一）有些交易策略无法量化

量化交易策略还有一个非常重大的缺点，就在于量化这个特性本身。诚然，这一特征为量化交易策略带来了多种优势，但是由于这一特点，使得量化交易策略在对待无法量化的因素时，只能采取舍弃这样较为无奈的处理办法。因此，量化交易策略损失掉了很多其实有可能带来盈利的信息，也使得策略在处理信息时所覆盖到的范围变得狭窄。当然，随着科学技术的发展，一些之前无法被量化的因素开始进入量化交易策略的研究范围之内，如针对网络信息刻画出的投资者情绪等等。但是，即使科技手段会让量化交易策略能够处理的信息范围更广更深，对比起主观交易策略而言，这样的缺陷始终是量化交易策略无法彻底摆脱的。这种来源于自身特性的缺点，只能改善而无法根治。

（二）转向缓慢

由于量化交易策略在构建过程中采用的是数量化的方法，需要一定数量的数据样本进行研究，而相应的数据都是随着时间逐渐产生的，因此当量化交易策略的构造形式没有本质上的改变时，从数据中抽取的数量化特征也只会随着时间逐渐变化，策略所形成的交易也只能缓慢地变化。当市场情形发生重大转变时，这种缓慢变化的特性会导致量化交易策略无法适应转折期的市场，在短时间内造成较大的损失。相比较而言，一部分定性的交易策略由于主要基于逻辑上的思路来进行交易，因此当市场情形发生改变时，能够基于主观逻辑迅速进行本质上的策略调整。转向缓慢这一特点也是量化交易策略一个较难改善的缺陷。

（三）历史数据的高完整性

行情数据不完整可能导致模型与行情数据不匹配。行情数据自身风格转换，也可能导致模型失败，如交易流动性、价格波动幅度、价格波动频率等，而这一点是目前量化交易难以克服的。

（四）网络中断，硬件故障也可能对量化交易产生影响

网络中断，硬件故障可能造成量化交易的中断，如果这时有好的交易机会而得不到实施，对量化交易者来说就是损失。要防止这些问题发生可能会导致量化运行和保障成本上升很快。

（五）同质模型产生竞争交易现象导致的风险

量化交易模型很容易大同小异，出现同质化竞争，这样会造成价格的突涨突跌。如果大多数量化交易模型都在突破点顺势交易，可能会使价格突破后快速上升，但当这些量化交易买单衰竭后，价格又容易快速回落。

第二节　程序化交易

一、程序化交易的含义

程序化交易是指通过既定程序或特定软件,自动生成或执行交易指令的交易行为。

二、程序化交易的起源

程序化交易,又称程式交易,起源于 20 世纪 80 年代的美国,其最初的定义是指在纽约股票交易所市场上同时买卖超过 15 只以上的股票组合,分为程式买入与程式卖出两种,因此有时也被称为篮子交易。早期的程序化交易主要是机构用于指数套利以及组合保险。组合保险是指使用股票指数期货和期权来保护股票组合对付市场下跌,使得机构能在一个模型特定参数达到某个预定值时卖出大量股票。在 80 年代中期,组合保险保护了大约价值 900 亿美元的股票组合,也因此被认定为 1987 年股灾的主要原因之一。在纽约股票交易所颁布了限制程式交易的规则 80A 后,组合保险交易就停止了。2007 年 11 月 1 日,纽约股票交易所将程式交易的有关规定从规则 80A 调整到规则 132B,取消了有关交易金额的规定,程序化交易被重新定义为买卖 15 只或 15 只以上股票的指数套利交易或者其他交易策略。

随着计算机技术的飞速发展,程序化交易成为 IT 技术与投资管理业的最佳结合点。由于完全凭投资经理的经验以及手工操作的资产管理模式受到了资金规模扩大、市场风险加剧、波动频繁等问题的挑战,只有引入程序化交易系统才可以解决操作效率、风险管理等难题。因此,各大投资机构纷纷投入研究,去开发专门的自动交易系统,这就使程序化交易在交易决策、交易辅助方面发挥了巨大的作用。因此,现在程序化交易泛指利用计算机技术制定交易策略、自动交易、实行风险控制等行为。

三、程序化交易的优势

一般来说,按照预先设置好的交易模型和既定的买卖条件由计算机自动完成交易指令的程序化交易,可以在投资实战中提高下单速度和交易效率,更重要的是这种机械化的程序交易可以克服贪婪与恐惧的人性弱点,实现理性投资与科学决策,并保持交易依据的高度一致性与可复制性。具体来看,程序化交易具有如下优势。

（一）交易客观性的优势

可以排除投资者在决策过程中的贪婪、恐惧以及情绪对交易结果的影响。

（二）速度优势

市场波动快，能够在第一时间下单，抓住每一个能够盈利的机会。

（三）计算能力的优势

计算机的超级计算能力可以使投资组合策略实施起来更方便。

（四）分散投资风险的优势

投资者决策做的是一种概率事件，而程序化交易可以同时关注多个投资品种，分散投资资金来降低风险。

（五）持续关注市场的优势

能持续快速发现市场的投资机会，降低人力成本。

四、程序化软件

程序化软件是能够对设定的公式策略和价格进行自动跟踪，并按设定的条件进行自动下单交易的软件。下面是一些常用第三方软件。

（一）文华财经

专业期货软件服务商，源于中国本土的程序化软件，系统稳定。基于国内用户习惯诞生的"麦语言"，小语法大函数，积木式的轻松编程环境。提供最全的回测样本：国内合约从开市至今的全部历史数据；支持专业程序化的金融工程思想：多模型组合测试和加载。独创的自动交易运行模组，轻松监控几十个模型的信号执行、资金、持仓、挂单等状态，并且支持手动辅助。

（二）TradeStation 平台

TradeStation 平台是一款在美国市场闻名遐迩、专注服务活跃交易用户三十多年的交易平台。目前 TradeStation 平台已被引入中国市场，有正式的汉化版本。TradeStation 平台支持股票、期货和期权交易，全面覆盖交易者对于行情（Level2 行情、Tick 级历史数据）、交易（闪电下单、图形下单、追踪止盈止损单、自动化交易）、策略（编写、回测、优化）等方面的需求，更搭载简单易用的 Easy Language 编程语言、支持全平台的自定义开发。使用 Trade Station 平台可轻松进行资产保护、全市场扫描选股、短线交易、趋势交易、Alpha 对冲、日内交易，等等。

（三）TB 交易开拓者

语言移植国外程序交易软件，是国内市场占有率最高的交易软件，和七成以上的期货公司有合作伙伴关系。最早推出的旗舰版系统稳定，旗下资产管理公司使用此版本无人值守交易至今。策略模型语言采用综合了 C++和 Pascal 优点的自创"TB 语言"，入门难度中等，有一定的扩展性，也可以实现复杂的模型策略。

（四）金字塔决策交易系统

"金字塔"是一款集程序化交易、看盘分析为一体的全功能综合软件：支持图标程序化交易、后台程序化交易、高频交易、趋势线程序化交易等多种自动交易模式；公式模型编写及操作兼容国内主流分析软件；支持闪电下单、图表下单、预警雷达下单等多种下单模式；支持板块指数、套利、多账户交易及动态止盈止损；还支持 VBS、VBA、C++二次开发。

（五）MultiCharts＋达钱（MC）

MultiCharts 经过研发，证券和外汇交易所设计的专业图表绘制和自动化交易的软件。高清晰的绘图功能结合中国期货的实时行情、历史回补与自动交易，帮助使用者一站式解决过去烦琐的数据收集及软件设置，并支持 Excel 下单等创新方式。该软件功能非常先进，虽经台湾传入大陆，但使用习惯依然沿用外软，大陆的使用者需要经过一段时间的适应。

五、程序化的开发步骤

程序化交易系统的建设从时间和发展的阶段上来看，可以分为三个步骤。

（一）前期的准备工作

程序化交易系统并非仅仅只是一个电脑加上一个可行的策略，它的建立工作远比人们脑海里那种简单的模型搭建要复杂很多。对于前期准备工作而言，就包括了人员配置和硬件配置两个方面的内容。程序化交易系统，作为一个相对独立的体系，需要各方面专业人员的配合。例如，首先需要高级软件工程师来完成对交易行情服务器和策略的开发，这样可以保证行情和交易的平台能够为策略的实施提供最大便利，为客户提供最个性化的服务。其次需要金融工程师基于一定的策略思想来进行建模、数据分析以及编写程序。再次需要系统工程师对整个交易系统环境提供网络管理和软硬件方面的支持。此外，风险控制的成员也必不可少，需要对交易产品的资金账户、盈亏风险进行监控和管理。就硬件而言，从交易必需的行情服务器、交易服务器，到交易数据库、专门面对测试、开发的终端，以及必要的网络设备等等，都需要大量的前期投入。

（二）中期的策略研究

对一个程序化交易系统而言，成熟而稳定的交易策略可以说是整个系统的灵魂

所在。为了得到一个成功的交易策略,一般而言要经过以下几道环节:

首先,进行模型的设计。从类型上而言,需要确定是单边投机交易还是套利交易;从时间区段而言,需要确定是日内短线,还是长线趋势;就品种数量而言,要确定是交易一个品种,还是跨品种、跨市交易或者是在期现之间进行交易。而当进入具体模型设计的时候,需要考虑各方面的因素和参数,比如交易模型面对的投资者类型,尤其是投资者的交易习惯和风险偏好,还有模型进场和出场的点位,模型的使用周期和交易的仓位比例等。一般而言,主要的策略类型有以下几种:一是久期平均,是指使用久期作为衡量指标来确定某组合投资的合理价格区域,从而通过低买高卖来实现收益。二是组合保险,可以通过对给定价值的底值逐步提升的操作策略,阶段性地稳固已取得的收益,处于下跌市时,对投资组合最小价值可以起到保护作用;当价格上涨时,该组合也同样可以跟涨盈利。三是指数套利,是指投资者同时交易股指期货合约和相对应的"一揽子"股票的交易策略,当理论期货价格和实际期货价格间的差额足够大时就可获取套利收益。四是数量化交易,是指基本面分析投资方式的自动化,利用计算机分析各项基本面数据,选择投资组合的资产配置,并通过建立相应的数学模型来预测组合的未来变化。

其次,当一个策略模型基本成型之后,就需要对这个交易模型进行历史数据的检验。在检验过程中,为了尽量拟合真实情况,交易时的交易成本也需要考虑在内。检验后,需要计算出各种数据指标并进行分析统计。比如整个交易策略盈利情况、交易的胜率、盈亏比、最大的连续盈利次数、最大的连续亏损次数、最大资金回撤比例等等,根据这些指标结果,对模型的设计思路,对一些交易细节的处理以及各个相关参数进行调整和优化。

最后,在模拟测试和调整令人满意后,仍然不能直接投入使用,还需要进行实盘跟踪的检验,以考察模型在实际交易环境下运行效果的稳定性和可行性。有很多问题在进行历史测算的时候可能被忽略,只有在实盘测试的时候才会暴露出来,有时甚至历史测算和实盘测试的结果会截然不同。这主要是因为,历史数据的代入和实盘交易有一定的区别,比如对市场的冲击和盘口的影响就是历史数据检验的时候无法体现的。此外,在历史测算中,所有的开仓或者平仓指令都是按可成交来计算的,而在实盘操作时,有可能会出现各种各样的问题影响成交,比如下单时突然出现对手盘不足或者大幅的滑价,导致交易失败等。

(三)后期的针对性产品开发以及维护

在一个交易模型经过了以上几个步骤之后,如果仍然有良好而稳定的收益率、较小的风险和资金回撤,那么这个模型基本上就可以算是成熟了。然而就一个交易系统而言,或者对一个程序化交易团队而言,只依靠一个单一的策略模型是远远不够的。我们都知道,为了规避系统风险,一个行之有效的方法就是将投资分散到不同的方向。交易策略也是如此,利用几个基于不同原理、不同周期、不同资金配比的策略组合,就会在风险控制上有很好的表现。

六、程序化交易系统建设时应注意的问题

由于国内对于金融领域的严格监管,程序化交易系统建立的目的是要促进期货市场在整个金融体系中发挥应有的作用和功能,因此程序化交易系统首先要做到合规,在策略构思和模型建立的过程中要杜绝任何违规行为出现。

在模型的设计中,应该清醒地认识到每个交易模型都有其适用的范围。即使某个模型在历史测试和实盘测试中效果理想,或者在实际操盘中已经取得良好效果,但未来市场的走势不可能完全重复历史,也没人可以准确预期,因此在实际操作的时候,应根据实际品种、实际的经济环境乃至基本面的具体信息来选择合适的模型,并随时根据宏观、微观等各种因素的变化对模型参数进行相应调整,以达到最佳效果。

就具体策略而言,止损是必要的。程序化交易不能被"神话化",它是不可能做到确保盈利的。因此,需要在每次交易的时候都做好严格的止损设置,尤其是当系统进行全自动交易时更是如此,这样才能将风险控制在一个较低的合理水平。此外,在设计模型的时候,不用盲目地追求过高的胜率,有很多成功的投资策略,胜率都只有30%~40%。

此外,程序化交易产品的后期推广、培训教育、维护和升级等方面也都是程序化产品运作成功的关键要素。

第三节　算法交易

一、算法交易的含义

算法交易,也称为自动交易、黑盒交易,是利用电子平台,输入涉及算法的交易指令,以执行预先设定好的交易策略。算法中包含许多变量,包括时间、价格、交易量,或者在许多情况下,由"机器人"发起指令,而无须人工干预。算法交易广泛应用于投资银行、养老基金、共同基金,以及其他买方机构投资者,以把大额交易分割为许多小额交易来应付市场风险和冲击。卖方交易员,如做市商和一些对冲基金,为市场提供流动性,自动生成和执行指令。

二、算法交易的目的

(一)防止交易对市场产生大的冲击,进而实现交易成本最小化

这是算法交易最初产生的根本原因,避免大单对市场产生较大的冲击成本。

（二）设定目标价格，使得最终成交价贴近目标价格

对于一些大型机构投资者，在设定的目标价格区域进行成交是保证某些收益特性的必要措施。例如，对于一些保本基金，实际成交价不能负偏差于目标价格，否则就可能亏损。

（三）隐藏下单意图，避免尾随风险

随着程序化的提升，防止其他程序化和自己抢单导致交易不利，需要更好地伪装自己的交易意图。

三、算法交易的特点

（一）无须人工干预

算法交易不完全依赖于基本分析和技术分析，依靠程序来实现交易。

（二）执行算法决定指令传送到交易所的最佳方式

如果一个指令不是要求立即执行，执行算法就会找出最优的执行时间。

（三）高频资产配置

算法交易过程既可以是建立在各种算法基础上的指令执行过程，也可以是指高频的资产配置策略。有些算法也会产生决定资产配置及开平仓的高频交易信号。

四、算法交易的分类

（一）根据各个算法交易中算法的主动程度不同分类

根据各个算法交易中算法的主动程度不同，可以把算法交易分为被动型算法交易、主动型算法交易、综合型算法交易三大类。

1. 被动型算法交易

被动型算法交易除利用历史数据估计交易模型的关键参数外，不会根据市场的状况主动选择交易的时机与交易的数量，而是按照一个既定的交易方针进行交易。该策略的核心是减少滑价（目标价与实际成交均价的差）。被动型算法交易最成熟，使用也最为广泛，如在国际市场上使用最多的成交量加权平均价格（VWAP）、时间加权平均价格（TWAP）等都属于被动型算法交易。

2. 主动型算法交易

主动型算法交易也叫机会型算法交易。这类交易算法根据市场的状况做出实

时的决策,判断是否交易、交易的数量、交易的价格等。主动型交易算法除了努力减少滑价以外,把关注的重点逐渐转向了价格趋势预测上。例如,判断市场价格在向不利于交易员的方向运动时,就推迟交易的进行;反之,加快交易的速度。当市场价格存在较强的均值回归现象时,必须迅速抓住每一次有利于自己的偏移。

3. 综合型算法交易

综合型算法交易是前两者的结合。即包含既定的交易目标,具体实施交易的过程中也会对是否交易进行一定的判断。这类算法常见的方式是先把交易指令拆开,分布到若干个时间段内,每个时间段内具体如何交易由主动型交易算法进行判断。两者结合可以达到单独一种算法所无法达到的效果。

VWAP 策略是最常用的交易策略之一,具有简单易操作等特点,基本思想就是让自己的交易量提交比例与市场成交量比例尽可能匹配,在减少对市场冲击的同时,获得市场成交均价的交易价格。

标准的 VWAP 策略是一种静态策略,即在交易开始之前,利用已有信息确定提交策略,交易开始之后按照此策略进行交易,而不考虑交易期间的信息。

改进型的 VWAP 策略的基本原理是:在市场价格高于市场均价的时候,根据市场价格的走势,不同程度地减少提交量,在保证高价位的低提交量的同时,能够防止出现价格的持续上涨而提交量过度向后聚集;在市场价格低于市场均价的时候,根据市场价格的走势,不同程度地增加提交量,在保证低价位的高提交量的同时,能够防止价格的持续走低而提交量过度提前完成。

(二) 依据驱动力的不同分类

依据驱动力的不同,区分为冲击驱动型算法交易、成本驱动型算法交易和机会导向型算法交易。

1. 冲击驱动型算法交易

冲击驱动型算法是由简单的指令分割策略演化而来的。通过将大订单拆成小订单进行发送,试图降低交易对资产价格的影响,达到最小化市场冲击成本的目的。

第一代冲击驱动型算法,主要是基于平均价格的算法,这些算法都是由带有预设目标的算法演化而来的,它们的特点就是执行预先设置的指令,不考虑其他的市场条件,属于静态方法。

为了更好地适应市场环境,静态方法逐步向动态方法改进,这也导致了算法向机会导向算法倾斜。参与率算法,它是建立在真正市场交易量上,而不是依赖静态模型而形成交易进度,随后逐渐演化成为采用更隐藏的路径以达到零市场冲击的最小冲击算法。

时间加权平均价格(TWAP)算法是基于时间变化的加权平均价格,它只以时间分割为基础,考虑指令的设置和执行,而不考虑市场价格或成交量等其他因素的影响。用这种方法执行一系列指令,其平均执行价格就是各执行时间点市场交易价格的加权平均。

成交量加权平均价格(VWAP)交易策略是最常用的交易策略之一,它是指交易者利用市场成交量来试图实现使平均执行价格等于 VWAP 基准价格的执行策略。它的特点是简单易操作,基本思想就是让算法的成交量提交比例与市场成交量比例尽可能匹配,在减少对市场冲击的同时,获得市场成交加权的平均交易价格。因此,VWAP 策略一般不直接对交易的冲击成本建模,而是注重日内成交量分布的预测。值得注意的是,如果订单量很大,VWAP 策略的冲击成本仍不可忽略。

参与率算法也被称为目标成交量算法或是跟随算法,它是一种与市场成交量同步的算法。与 VWAP 算法相同的是它们的表现取决于它们所采用的追踪目标成交量的技术,而且二者的重要目标都是为了最小化市场冲击。

有一些参与率算法会包含成交量预测功能,这些方法都是以对历史成交量分布、当前成交量和数量的综合分析为基础的。也有一些参与率算法允许控制算法追踪目标参与率的进度,但这类算法需要附加变量来确定基准和参与率是如何根据基准或变量来变化的。

有一点需要注意的是,必须对参与率算法设定价格限制,以确保其能够忽略掉超出限制的交易,要不然每次当价格回落到限制之内时算法的表现都不会令人太满意。

2. 成本驱动型算法交易

成本驱动型算法的最主要目的是降低交易成本,这里所说的成本主要包括冲击成本和时机风险等隐性成本。降低冲击成本最主要的做法就是将大订单分割成小订单,并将其分散到相当长的一段时间内进行交易。虽然这种做法可以最小化市场冲击,但是却将订单暴露在了更大的时机风险下,对于波动性大的资产来说更是如此。所以,降低冲击成本的同时也降低时机成本对成本驱动型算法来说很重要。

早期的成本驱动型算法是由冲击驱动算法吸收了时机风险等要素演化而来的,现在成本驱动型算法越来越多地使用复杂市场模型去预测潜在的交易成本和决定指令的最优交易策略,主要的类型包括执行落差算法和适应性落差算法。

执行落差算法的目的是最小化平均交易价格和反映投资者决定价格的分配基准之间的落差。这个差额是由投资者来确定的,投资者决定的价格相当于参考基准,一般这个差额会以指令到达交易商时的中间价格作为替代。为了平衡在市场影响和时机风险,执行落差算法只能在不产生显著市场冲击的时间范围内进行。

因为这个过程比较复杂,所以很多人选择用更简单的算法,这些算法中有一部分其实就是成交量加权平均价格算法或参与率算法的增强版。

价格适应性落差算法是一种更加倾向于机会导向的算法。主动实值(AIM)策略是依据价格做出反应,当价格有利时交易主动,反之则被动。什么是有利的价格条件呢?对于买入指令来说,就是市场价格下降到基准价格以下;而对于卖出指令来说,情况则恰恰相反。也就是说,主动实值策略的交易率在市场价格显著下降到基准价格以下时才会上升;而被动实值策略(PIM)只有当市场价格显著地高于基准时才会上升。

收盘价格通常用作盯市,以便计算每日的资产净值和盈亏状况,因此不少机构会把收市价作为一个参考基准。但是,收盘算法有一个主要的问题是,其基准只有在市场收盘价格确定下来后才能得知,所以,该算法并不能把交易日内的交易进行平均,然后把订单进行简单切割去匹配基准。若执行交易的时间较早,收盘价的波动性会给交易者带来时机风险;若交易时间较晚,则会对市场产生较大的冲击。

　　3. 机会导向型算法交易

机会导向型算法是从一系列交易算法中演化而来的,其本质就是利用有利的市场条件。与上面两种算法不同的是它添加了对价格的敏感指标,并且能够基于当前市场价格是否有利来修正算法的交易风格。因此,许多看重市场冲击成本的算法都会更多采用机会导向型策略。

对于机会导向算法而言,价格是一个重要的变量,由于其具有动态特征,因此它比其他类型的算法能更精确地执行目标策略。

盯住价格算法是把交易与市场价格联系在一起的方式,与参与率算法根据市场成交量进行调整的方式类似,先定义一个基准价格,然后用市场价格与其比较的结果调整成交量。如果事先没有设定基准价格,那么通常就会使用指令下达时的中间价格。所以,对于买入而言,低于基准价格即为有利的买入价格;对于卖出而言,高于基准价格即为有利的卖出价格。

盯住价格算法在基本交易机制的基础上还附加了价格调整的功能,因此,它可以建立在静态成交量加权平均价格算法或更动态的成交量百分比方法的基础上,实际的价格调整策略可以直接追踪市场价格和其基准的差异,或者包含其他的变量。

第四节　高频交易

一、高频交易的含义

高频交易是指从那些人们无法利用的极为短暂的市场变化中寻求获利的计算机化交易,比如,某种证券买入价和卖出价差价的微小变化,或者某只股票在不同交易所之间的微小价差。这种交易的速度如此之快,以至于有些交易机构将自己的"服务器群组"安置到了离交易所的计算机很近的地方,以缩短交易指令通过光缆以光速旅行的距离。

二、高频交易的特点

（一）高频交易都是由计算机自动完成的程序化交易

基于某种交易策略，排除人为干扰，利用计算机以极高的频率关注相关信息，进行决策、生成委托单、执行成交程序等。

（二）要求延时很短，高速连接市场，目的在于最小化反应时间

在欧美市场，人们对毫秒级别的交易习以为常，当今信息技术的发展更是推动进入微秒级交易。速度是高频交易的核心。

（三）短线交易、快速买进卖出，头寸持有时间很短，每次赚取微利，不会持有隔夜头寸

头寸的持有通常只有几秒甚至几毫秒，在每个交易结束时基本不持有头寸。

（四）快速交易过程中，伴随频繁的撤单

在交易过程中，高频交易经常使用报单来测探市场报单的广度和深度，所以经常撤单。

三、高频交易的分类

（一）流动性交易策略

流动性交易策略是指通过为市场提供流动性来获取利润的交易策略。做市商们为市场提供不同价位层次的订单簿，为头寸接受者提供流动性。做市商为市场的流动性做出了贡献，很多非活跃市场由于做市商的存在，流动性显著提高，交易成本大为降低。比如在期权市场，做市商几乎是不可或缺的。

做市商策略的理论基础是存货模型与信息模型。存货模型认为，买卖价差实际上是有组织的市场为交易的即时性提供的补偿。信息模型认为，买卖价差是由于市场信息不对称性造成的。做市商们通过对订单簿、波动性等市场微结构进行研究，提高了市场流动性，同时也从市场中获利。

（二）市场微观结构交易策略

市场微观结构交易策略主要是通过分析市场中即时的盘口数据，根据短时间内买卖订单流的不平衡进行超短交易的策略。市场中即时的买卖订单流中潜藏着很多交易机会，通过观察可见的订单簿状况，分析未来极短时间内是卖单流主导还是买单流主导。在卖单流主导的市场中，价格将下跌；在买单流主导的市场中，价格将上涨。

市场微观结构交易者通过比较订单簿中买卖单的力量，抢先交易，并快速平仓。这里有个前提假设是订单簿上的信息是真实代表投资者的意向，但事实上，订单簿信息也有可能被干扰。因此，在某种程度上，存在着博弈中的博弈。

这里值得一提的是国内期货交易中的"炒手"，他们的交易策略就属于这一类，即是通过观察市场盘口订单流的变化，寻找交易机会，快速人工下单。炒手在市场里的资金量不大，但是产生的交易量极大，一天可以进出市场数百次，好的"炒手"获利能力和资金曲线极为惊人。

这样的交易策略对人的反应速度要求很高，能脱颖而出者凤毛麟角。我们从台湾期货业同行中了解到，在台湾地区，人工的高频交易，已经完全被计算机自动执行的高频交易所打败。

（三）事件交易策略

事件交易策略是指利用市场对事件的反应进行交易的策略。事件可以是影响广泛的经济事件，也可以是行业相关事件。每个事件对市场产生影响的时间差异很大，高频事件交易策略就是利用事件在极短时间内的影响自动进行交易，赚取利润。

该策略中有两个环节比较关键。一是确定什么是可以产生影响的事件。这个问题看上去比较奇怪，但是有丰富经验的交易者都知道，事件对市场产生影响其实是很复杂的，一个完全利好的事件在不同行情和时间窗口下，甚至会产生完全相反的效应。而且市场对事件产生预期，很多事件未发生时，市场行情其实已经有了预期反应，等到事件真正发生，行情有可能会发生和预期完全相反的走势，所以首先要确认什么样的事件能构成一个未预期的变化。二是确定事件的影响时间和方向。这需要不断地对历史数据进行统计挖掘。

（四）统计套利策略

统计套利策略是寻找具有长期统计关系的证券资产，在两者价差发生偏差时进行套利的一种交易策略。统计套利策略广泛地应用于各类证券产品市场，包括股票、期货、外汇等。

四、高频交易的问题

作为一种操作模式，高频交易客观上也存在不少缺陷：

（1）偏重于短线操作，以寻找买卖差价为目的，这固然没有错，但与长期投资以及价值投资的理念还是存在差异的。过度提倡高频交易，显然并不合适。高频交易使得成交量得以放大，有效地提高了资金使用效率，但因为纯粹是基于投机目的流动，既谈不上价值发现，也谈不上资金的优化配置，很难对实体经济产生正面的影响，对于股市功能的正常发挥恐怕也起不到什么作用，其占比过大也非好事。

（2）高频交易需要较高的技术含量,其本身的硬件与软件投入就不少,因此必然是一种少数人的游戏。如果管理不严,其操作行为也容易对其他投资者构成误导,成为弱肉强食的手段。因此,怎样在开展高频交易的同时维护市场的公平与公正,始终是个无法回避的问题。在海外老牌市场,高频交易经常受到各种舆论的抨击,这几年其规模也有所下降。特别是 2008 年的国际金融危机后,一些国家监管当局更是加强了对包括高频交易在内的各类金融创新产品的监管,现在高频交易的市场占比普遍预计回落了 30% 左右,只有高峰时期的一半左右。在我国,高频交易还是个新生事物,但从一开始对它就有不同意见,特别是在没有实施"T＋0"交易的条件下,高频交易本身就存在逻辑上的不足。在市场容量相对有限的情况下,其运行空间也备受质疑。光大证券"8·16事件",更是暴露了其在风险控制方面存在的诸多问题,使有关方面对此不得不采取更加谨慎的态度。

毫无疑问,现代证券市场是需要高频交易的,但应适度发展,并且把风险控制放在首位。如果只是为了某个功利性的目的而盲目推广高频交易,那只能带来不可预测的风险。对此,光大证券已付出了惨重的代价,其教训应为有关各方汲取。

五、高频交易面临的挑战

（一）降低行情数据和交易通信的时滞

在决胜于毫秒级的高频交易中,行情与订单的时滞将严重影响交易策略的表现,其中最大的影响因素是链接各相关方的网络通信质量。通常的解决方法是将交易系统托管到交易所附近的机房,以减小网络通信物理距离的方式来提高外部数据交换速度。

（二）海量数据的快速分析及执行的能力

高频交易处理的数据通常是基于分钟以下的数据,其数据量与通常的小时数据、日数据相差很大。例如,沪深 300 股指期货一个交易日的成交价格数据就超过 3 万条,而一年的日收盘价数据不超过 300 条,相差超过 100 倍。在大数据量和高速的双重要求下,对于分析处理数据的计算机硬件和模型程序提出了更高的要求,硬件上的解决方法是每几年更换系统设备;模型编写上选择高执行速度的语言。

（三）算法交易的能力

这里所指的算法交易主要集中在订单的执行方式上,焦点为如何低成本且快速地完成指定数量的交易。在单次执行交易的数量超出了市场深度时,需要以特定的算法对订单进行拆分后分批执行,从而减低冲击成本带来的收益损失。

（四）交易所的限制

高频交易对于市场的影响在国际市场上仍存在争议,观点有正面的肯定,比如增加了市场的流动性、降低了市场波动;亦有负面批评,比如扰乱市场信息、影响市场的公平性等。

高频交易是高度量化和计算机化的一种交易方式,是程序化交易的高端版本。高频交易对于市场微观结构的分析、网络通信速度、数据处理能力、交易执行能力等提出了更高的要求。当前的交易环境对于高频交易来说虽然还存在一些障碍,但是国内市场上已经涌现出一批成功的高频交易者。随着整个市场的不断发展,国内交易环境的一些管制将会放开,高频交易的规模将获得更加快速的增长。

思考与习题

1. 简述量化交易的概念、特点。
2. 简述程序化交易的优势。
3. 简述算法交易的目的。
4. 简述高频交易的含义和特点。

第九章 资金管理

●● ▶▶ 学习提示

完整的交易不仅需要分析方法去选择投资对象和预判证券价格的涨跌,还需要通过资金管理来科学地决定对每一次的交易机会下多少注的问题。本章通过六节内容从不同方面对如何进行科学的资金管理做出回答。

●● ▶▶ 内容提要

第一节介绍资金管理的含义和目的;第二节重点分析重仓交易的原因、形式和危害;第三节从概率基础上推算不同的下注方法的破产风险;第四节介绍四种资金管理方法;第五节对单品种交易的资金管理做出分析;第六节探讨在多品种交易背景下的资金管理方法。

●● ▶▶ 学习目标

了解资金管理的目的;了解重仓交易产生的原因和危害;掌握科学的资金管理方法。

第一节　资金管理概述

一、资金管理的含义

资金管理是指在交易过程中如何投入交易资金的管理过程。

二、资金管理的目的

资金管理的目的是为了在保障交易安全的前提下,尽量提升交易成绩。前者是资金管理的主要目的,后者是资金管理追求的次要目的。

(一)资金管理的主要目的是保障交易安全

保障交易安全实际上就是要保障交易者的本金安全,在交易过程中交易者的本金面临很大的亏损压力,交易费用的蚕食,不良情绪造成的亏损,正常的损失,连续的不利、巨大的不利跳空,极端的快速行情,这些因素造成了本金亏损的可能性。资金管理的首要目标就是当这些不利因素出现的时候,将亏损控制在可以接受的范围内,特别不至于导致交易者的交易情绪不好和防范之后很容易出现的不利行为。

交易失败最差的情况就是破产,完全输光本金,但实际上只要亏损超过30%,交易者往往就会背上沉重的压力,很可能导致放弃交易,所以实际情况是资金管理并不是防范破产,而是防范资金亏损较大比例,比如30%以上,对于某些职业交易者而言,这个比例更低,可能是10%。

(二)资金管理的次要目的是提升交易成绩

交易成绩和下注量密切相关,如果是个正盈利系统,原理上越大的下注量会产生越大的收益,但是实际交易过程阻碍这个理论结果的最大障碍是当亏损的时候,交易者的心理承受不住,如果不采用正确的资金管理系统一个盈利的交易系统可能会在实际中输钱。但不可否认资金管理要服务的目的肯定是为了取得更好的投资效益,这是投资的终极目标。

三、资金管理的功能

(一)降低重仓宽止损或不止损的冲击

重仓宽止损或不止损是交易中经常会出现的情况。就算是经验丰富的老交易者也经常容易重仓,因为无论新老交易者,如果主观上对某一次交易过分有把握,或者对于不利走势不断逆势加仓,或者浮盈加仓就容易形成重仓。

只要是重仓,人性上就不愿意快速止损,因为快速的较大现实亏损是人不愿意接受的事实,交易者更愿意等待更好的结果出现,所以容易对不利的重仓交易设置较大的止损或者在亏损到达极限承受之前根本就不设止损。重仓宽止损或者不止损,如果出现了较大的账面亏损,交易者这时存在极大的心理压力,一方面极度害怕不利行情在将来变得更大,另外一方面又不愿意立即止损,心中期待情况会在未来得到反转,甚至有的交易者会对快速和较大的亏损麻木。这些心理和情绪都非常不利于交易者后续的理性行为,如果不加控制地任由其发展,随着亏损的不断增加,交易者的心理和情绪不断地变差,很容易导致最后的疯狂行为:要么没有任何行动地任由亏损不断增大,最后触及自己的承受底线主动平仓,或者被交易所强制平仓;更有甚者会孤注一掷在大亏的基础上继续加码赌情况好转,很多时候交易者就是这样破产的。

无论是一次性的重仓行为,还是逆势加仓或者盈利后浮盈加仓至重仓,只要是宽止损或者不止损,只要不利行情走得更远一些就很容易引发大亏甚至破产。根据前面所述,交易者只要重仓后亏损就不太愿意小亏止损出局,一旦不利行情持续就很容易导致交易者的情绪失控,而不利行情继续发展的概率不精确地说也有50%左右。所以资金管理就有存在的必然性,资金管理最重要的控制手段就是不要重仓,只要不重仓,亏损一般不会很大,交易者的心态失衡的可能性就会大幅降低,采取理性行为和不采取自取灭亡的行为就是可保证的。因此,资金管理就是杜绝重仓交易带来的一系列不利影响和冲击。

(二)降低极端不利事件的冲击

只要在交易,交易的时间足够长,那么就可能经历极端事件,如极端天气、"9·11"式的恐怖袭击、突然的战争、各国出乎意料的各项政策。这些极端事件一般会引发证券价格的极端走势,有些表现为空间极大的跳空,如果不是对冲交易,这种巨大的证券快速移动会给持有资产的交易双方带来快速的盈利或者亏损。如果你是运气不好的一方,这时你的亏损会对你的心理形成巨大的压力和恐惧,一旦你的交易心理承压,后续的理性交易的可能性就会降低,就有可能导致更坏的情况出现。为了避免这一情况,在交易过程中对这种小概率事件引起足够的注意,合理地进行资金管理,就能在交易中平稳度过由于极端不利事件带来的冲击。

值得注意的是,现代金融理论对极端事件发生的概率的估计是基于证券价格是随机游走的假定来度量的,但在真实的金融市场,由于信息不对称引发的羊群效应和在极端事件中资产相关性的短期巨大改变会引发巨大的协同效应,所以以现代金融理论对极端事件发生的概率和引发的巨大破坏力是估计不足的,因此在实际交易中,交易者一定要对这种时不时就来一下的极端事件做好充足的准备。

(三)降低连续不利交易的冲击

在交易中我们还会遇到一种情况就是不断的小输,这种情况也令交易者十分沮丧。有时情况就是这样,交易者在此之前使用同样的交易模型还能取得不断的胜利,但现在就是连续的输钱,这种情况其实还算好的,因为现在面临的是交易模型的不利时期,这个不利是交易资产变幻莫测的本性所决定的,无法根本消除,最佳应对方法就是在模型还继续有效的前提下继续使用,等待柳暗花明的时刻到来。交易更糟糕的情况是这种现状引发了交易者的心烦意乱,要么放弃本来还继续有效的原交易模型而改用了一个更差的交易模型,或者开始随性交易,这样很可能就由现在的不利环境滑向更大的深渊。要想避免这种情况就必须使用好的资金管理方法来降低连续不利交易的冲击。

(四)从总体上在提升安全性的情况下降低了收益水平

资金管理的重点在于关注重仓交易、小概率事件和连续不利交易的冲击,其主要目的是为了减少这三种情况带来的损失,更为重要的是防范之后很可能的情绪失控后非理性交易行为。可以明显地看出,资金管理更偏重保证本金的安全和交易的防守性,由于其保守化倾向,使得交易的期望收益水平下降,特别是在所重点防范的情况又没有出现的时候,这时会对交易者这种保守的资金管理提出质疑,交易者会自然地想:要是我的仓位重一些,我不是赚得更多吗?其实交易是一个非常残酷的活动,无论你之前的交易是如何成功,消灭你只需要一次你的错误就够了。如果所防范的事情没有出现,交易者少赚的钱实际上就是为未来避免自己交易破产所提前支付的保险,如果你这样想就会心态平和,牺牲收益性保障安全性从长期看是一个非常不错的交换。

第二节　重仓交易

资金管理主要是对交易中的下注量进行管理,主要防范的错误行为就是重仓交易,下面我们从重仓交易的含义、产生的原因、表现形式和危害四个方面进行分析。

一、重仓交易的含义

重仓交易是指在交易中投入的资金过多,在不利行情中可能遭受较大损失的情况。

二、重仓交易产生的原因

(一)过于自信

过于自信很容易产生于在历史中得到相对检验的一些投资方法,但投资方法的绩效在不同的市场环境下、不同的交易对手、不同的使用者等因素的混合影响下,其输出结果具有较大的时变性,但交易者对这些情况知之甚少,很容易依据简单的历史表现或者经济推理就对某次交易抱有不切实际的信心,同时鉴于人性的想快想大思维本性,这两者的结合就很容易产生重仓交易。具体来说,可能因为如下原因。

1. 过分相信该模型的赚钱能力

对于一些交易经验不算丰富的交易者,这是一个常见的毛病。因为交易模型一般都有两面性,在交易背景好的时候模型表现出色,在交易背景不好的时候往往亏钱。初级交易者容易在看到模型表现较好的时候就认为模型成功,就会迫不及待地增加资金想让模型赚更多的钱,但实际往往是事与愿违。

2. 内幕消息

如果该交易者之前通过同样的内幕消息渠道赚到了钱,就会对该渠道形成信任,可能前面几次信心不够的时候投入的资金不多,在验证了几次之后就后悔前面自己的胆子太小,投入资金太少,如果再有这样的内幕消息就很容易重仓参与了。

3. 相信权威

投资权威可能来自投资领域中的名人,这些名人可能挂着"某某证券期货公司的首席策略(行业)分析师或者经济学家""某某实盘比赛冠军""某著名博主""身家数十亿"等令人羡慕的头衔或者投资业绩,很多的投资人就会将这些人奉为权威,当这些权威推荐了一些投资后就容易过分相信从而在"发大财"心理的推动下重仓交易。

4. 在一段好的交易成绩后,交易者容易出现骄傲自满的情绪从而对后面的交易过于自信

交易者如果在一段时间内获得了不错的交易成绩,很容易骄傲自满,这是交易者由于人性的原因会将成功归于自身,忽视掉这中间的运气成分,从而产生过度自信,相信自己可以在后面取得更大的成功,在更高更快的思维下在后续交易中加大仓位。

5. 相信自己的某一个判断

交易者对自己的某一个判断特别有信心,即使当前的价格走势不利于持仓。这成为逆势加仓的一个重要原因。首仓亏损后,加仓的成本更好,利润空间更大,所以很容易持续逆势加仓。要知道交易方向的变化没有什么百分之百的事情,一根筋的做法要么大赚,要么大亏。

这种判断是对是错其实并没有那么重要,很多时候最后证明可能你的判断是正确的,但如果不好的资金管理可能也会使你的这次交易失败。例如,我们经常会听到"这次我判断这是铜的底部,不断的下跌加仓,结果在最后的下跌中被强行平仓,后面铜在半年上涨 1 倍,如果我的 20 万不被强平,我至少赚 80 万"这样话。

(二)对一个正在失效的交易模型认识不足,为了赚以前一样多,甚至更大的利润,不自觉地加大仓位

一个正在失效的交易模型的一个表现是赚钱变得越来越不容易,但这种情况和模型正常在坏背景中的表现是相同的,很难区分是模型失效还是模型暂时不利。这两者的最优处理完全不一样,如果模型失效,最优反应就是停止模型交易;如果是模型暂时的失利就应该继续使用模型。如果交易者判断错误,在本来是模型失效的情况下判断为是暂时失效,就可能为后来的重仓交易埋下种子。因为模型如果是暂时失效,之后又会开始赚钱,那么在一段时间失败后逐步增加交易资金等待其模型恢复正常的时候就会赚得更多;或者模型现在赚钱能力在减弱,但依然在赚钱,为了赚和原来同样多的钱就必须要投入更多的资金。

（三）扳本心理

人性决定了交易者在交易亏损的情况下是不愿意止损认输的，很容易采取摊低成本的做法，很容易逆势加仓。这种逆势加仓就是扳本心理在作怪。例如，我们经常听到的"我就不信它不涨""都跌成这个样子了，还能跌到什么地方"等言论就是扳本心理的写照。

三、重仓交易的表现形式

（一）一次性的赌一把

一次性的赌一把是比较常见的重仓交易形式，看好资产价格上涨就全仓买入，看好资产价格下跌就全仓卖出，看对就大赚，看错就大输的简单粗暴做法。

（二）等金额亏损加仓

首仓亏损后，随着亏损每增加一定幅度就等金额加仓到重仓。这是一种比较激进的加仓方法。如果对的话回本较快，如果错的话就会雪上加霜。

（三）金字塔亏损加仓

首仓亏损后，随着亏损每增加一定幅度就逐步增加投资直到重仓，是一种很激进的加仓方法。如果对的话回本特快，如果错的话就会加速破产。支持其做法的信念是不管亏多少次，只要对一次就可以了。例如，对于赔率是1的交易，每输一次，下次加倍的下注方法就是这种。

（四）等金额盈利加仓

首仓盈利后，随着盈利每增加一定幅度就等金额加仓到重仓。这是一种比较激进的加仓方法。如果对的话利润增长较快，如果错的话，利润回吐速度极快。

（五）金字塔盈利加仓

首仓盈利后，随着盈利每增加一定幅度就逐步减少投资直到重仓，是一种很受推崇的加仓方法。如果对的话利润增长快，如果错的话，利润回吐较等金额盈利加仓慢。

另外，金字塔亏损加仓和倒金字塔盈利加仓使用较少，就没有专门概括进来。

四、重仓交易的危害

重仓交易如果方向选择正确，那不用说收益增加很快，但如果相反的情况发生就可能是灾难了。重仓交易最怕遇到三种情况，第一种是交易资产价格反向慢速运动,第二种是反向快速运动,第三种是反向跳空或者是流动性枯竭。这三种情况的严重性是逐渐增加的。

(一)交易资产价格反向慢速运动

交易资产价格反向慢速运动给交易者带来的压力是逐步增加的,虽然亏损的速度不是很快,但由于是重仓,总资金的亏损比例还是增加较快的。交易者遇到这种情况比较内心是煎熬的,止损出局是内心不愿意的,担心止损后又开始行情反转;提高了止损后担心行情刚好把自己的止损打掉又开始反转,所以在要接近止损的时候再次将止损提高,这样很容易陷入这种循环中,从而不断地放松止损,最后导致巨大的亏损。

这种情况下交易资产价格变化不是很快,所以还是留给交易者比较多的时间来理性思考,交易者如果跳出前面所说的不断放松止损的循环,就有可能不再陷入更深的深渊。

(二)交易资产价格反向快速运动

交易资产价格反向快速运动给交易者带来的压力是快速的,亏损的速度非常快。交易者遇到这种情况往往反应不足,因为行情和自己的预期走势完全相反而且速度很快,交易者的压力一下子就来了。由于对这种情况估计不足,交易者常见的反应是什么也不做或者在交易价格接近自己初始的止损位的时候不自觉地提高止损。什么也不做是因为完全和预期的不一样,事前没有对这种情况做好准备,所以在行情真正来临之时就不知道做什么,这种行为俗称"被打晕了"。如果价格接近自己的初始止损线,交易者很难在短时间认输出局,一般会提高止损等待行情反转。

(三)交易资产价格反向跳空或缺乏流动性

重仓交易最糟糕的情况是遇到反向大幅跳空或者没有跳空但没有流动性的情况。这种情况之所以糟糕是因为即使你想止损,也止损不了或者要付出极大的流动性成本。通常情况下这种价格的不利运动速度是最快的,比第二种的快速运动的速度更快,所以给交易者会带来更大的压力。更可怕的是这种情况如引发群体性癫狂就会造成更多的后续加速不利运动,最后的结果会让交易者瞠目结舌。

(四)心态破坏后可能导致后续的灾难性行为

不管是慢速、快速还是极速的交易资产反向运动,巨大的金钱损失会给交易者带来极大沮丧感和压力。这种沮丧感和压力越大就越不容易保持平和的情绪,通常在糟糕的情绪下交易者所做出的很多交易决定是极其不理智的,而且很多是具有自我毁灭倾向的，比如由于输得太多，交易者根本无法接受这么大的亏损，很容易最后孤注一掷，继续等待行情的反转，甚至将最后的资本加上赌行情反转。由于输得太快，许多交易者不会立即认输，还愿意给自己留一两次机会，不断地提高止损，期待行情的反转，即使原来的交易头寸止损了，短时间难以接受这种事实，很想快速地扳本，很容易陷入下一次重仓交易或者是频繁交易。

第三节　破产风险

一、破产的含义

如果交易者的账户余额被耗竭到再也无法进行交易的情况时，我们就称这位交易者破产了。破产风险是一个从 0 到 1 的概率估计。值为 0 的概率估计表示交易者不可能破产，而值为 1 的概率估计就表示破产是不可避免的。破产风险是以下因素的函数：

（1）成功概率；

（2）报酬率，或交易平均获利水平与交易平均损失水平的比率；

（3）用于交易的资本比例。

让我们用一个简单的例子来说明破产风险这个概念。假设我们有 1 美元可用于交易，而且这是我们全部用于投资的资本金额。此外让我们再假设平均获利水平和平均损失水平都等于 1 美元，也就是说报酬率为 1。最后一个假设是：以往交易结果显示每 5 个交易中有 3 个是获利的，也就是说成功概率是 0.6。如果我们进行的第一个交易是损失的，那么我们就失去了所有的资金，不能再进行任何交易了。因此，在第一个交易要结束时，破产概率就是 2/5，也就是 0.40。

如果第一个交易是获利的，那么我们就拥有 2 美元的资本，将进行下一个交易。由于已经假设每次交易损失是 1 美元，那么我们在第二个交易要结束时就不可能破产。如果我们想要在第三次交易结束的时候破产，就一定要连续遭遇两次损失的交易，那么这时的概率就等于第一次交易的获利概率与后两次交易的损失概率的乘积，结果是 $0.096(=0.60 \times 0.40 \times 0.40)$。

因此，这三次交易结束的破产概率可以由以下概率之和表示：

（1）第一次交易将要结束时的破产概率；

（2）第三次交易将要结束时的破产概率。

到第三次交易结束时，通过上述两种可能方式而破产的概率就等于 $0.496(=0.40+0.096)$。

把这种逻辑稍微扩展一下，在第五次交易结束之前有两种可能导致破产的方式。第一，如果前面两次的交易是盈利的，那么后面三次的交易就必须是损失的，这样才可能破产。另外一种更加迂回的破产方式则是:第一次获利,第二次亏损,第三次获利,第四、第五次亏损。这两种方式具有相互排他性,也就是说,如果发生了一种情况就排除了另外一种情况发生的可能性。

因此,第五次交易结束之前的破产概率是以下各项的和:

(1) 在第一次交易结束时破产的概率;

(2) 在第三次交易结束时破产的概率,即第一次盈利而随后两次连续亏损;

(3) 在第五次交易结束时破产的两种方式中的一种概率,即前两次盈利,后三次连续亏损;第一次获利,第二次亏损,第三次获利,第四、第五次亏损。

因此,第五次交易结束时的破产概率等于 0.542 08。

注意:随着交易次数的增加,破产概率将增长。然而,这个概率是以一个逐渐递减的速率增长,这表示随着交易数量的增加,破产风险是趋于稳定的。

二、破产风险的计算

在数学计算中,为了保证对破产风险的准确估算,我们假设交易数量 n 是非常巨大的。随着 n 的增长,风险的计算将会非常烦琐乏味。因此,理想的方式是在给定的成功概率下通过公式来计算破产风险。这个计算破产风险的公式的基本形式有两个简化的假设:① 报酬率为 1;② 账户上的所有资金都用于投资。

在这样的假设下,威廉·菲勒(Willam Feller)提出了赌徒破产风险(A Gambler's Risk of Ruin)R,即

$$R = \frac{(q/p)^a - (q/p)^k}{(q/p)^a - 1}$$

投机商人有 k 个单位的资本,而他的对手有 $(a-k)$ 个单位的资本。成功概率是给定的 p,而作为互补的失败概率则为 q,也就是说,$q=(1-P)$。当该公式应用于期货交易时,我们可以假设成功概率 p 超过亏损概率 q,也就是说,分数 (q/p) 比 1 小。而且,我们还可以把交易者的对手看作一个整体市场,这样整体的市场资本总额 a 相对于 k 来说是一个非常巨大的数字。为了实际操作的简便起见,$(q/p)^a$ 这一项的值就趋近为 0,破产概率也就因此简化为 $(q/p)^k$ 了。

请注意,上述公式中的破产风险是关于成功概率和可用于交易资本单位数量的方程。成功概率越大,破产风险就越小。同样,在给定成功概率的情况下,如果进行交易的资本比例越低,那么破产风险也就越低。

例如,当成功概率为 0.5 时,可用资本 10 美元中只使用 1 美元,也就是说,无论什么时候资本使用率为 10%。那么,在给定报酬率为 1 的情况下,破产风险就等于 $(0.50/0.50)^{10}$,也就是 1。因此,在一个成功概率为 0.50 而报酬率为 1 的系统中交易,破产是难免的。当成功概率上升到 0.55 时,在同样的报酬率和暴露风险比例下,破产风险则显著下降,变成 $(0.45/0.55)^{10}$,也就是 0.134。因此,在任何一个成功

概率得到提高的交易系统中进行投资应该都是值得的。

当交易的平均获利水平和平均亏损水平不再相等的时候,破产风险的计算将更加复杂。当报酬率是 2 的时候,诺曼·T. J. 贝利(Norman T. J. Bailey)将破产风险简化为一个精确公式。

假设亏损概率等于或者超过两倍的获利概率,即假设 $q \geqslant 2p$,破产风险 R 就是确定的或者等于 1。用不同的方式来表达,那就是如果获利概率小于亏损概率的一半且报酬率为 2 时,破产风险是确定的或者为 1。例如,如果获利概率小于或者等于 0.33,那么在报酬率等于 2 时,破产风险等于 1。

如果亏损概率小于两倍的获利概率,即 $q < 2p$,那么,在报酬率等于 2 的情况下,破产风险 R 就表述为:

$$R = \left[\left(0.25 + \frac{q}{p} \right)^{0.5} - 0.5 \right]^{k}$$

式中,q——亏损概率;

　　　P——获利概率;

　　　k——可用于投资的资本按照相同货币单位量均分后的份数。

进行交易的资本比例是可用于投资交易资本份数的方程。如果账户上的所有余额 k 都用于投资,那么进行交易的资本比例就是 100%。但是,如果 k 是 2 个单位,其中只有 1 个单位用于投资,那么进行交易的资本比例就是 50%。概括而言,如果账户上可用的 k 中有 1 单位用于投资,那么进行交易的资本比例就是 $(100/k)$%。在给定获利概率和报酬率的情况下,进行交易的资本比例越小,那么破产风险也就越小。

在报酬率等于 2 的情况下,如果获利概率是 0.60,有 2 个单位的资本,用于投资的资本比例是 50%,那么运用该公式求出的破产风险 R 就是 0.209。在获利概率和报酬率相等的情况下,如果资本的份数上升到 5(那么用于投资的资本比例相应地就从 50% 下降到 20%),那么破产风险就从 0.209 下降到 0.020。这个例子强调了用于投资的资本份数在控制破产风险中的重要性。

当报酬率超过 2 时,即平均获利水平超过两倍的平均亏损水平,那么,这些与破产风险计算相关的微分方程式也就不能再求出精确或者接近的值了。正是由于数学上的困难,因此,另一种最佳的方法就是对破产概率进行模型化。

三、破产风险的建模

在这里,我们将对破产风险进行模型化,把它表述成有 3 个变量的函数:① 获利概率 p;② 用于交易的资本百分比,其中资本总数用 k 表示,百分比则用 $(100/k)$% 表示,③ 报酬率。为了模型仿真的目的,获利概率的范围从 0.05 到 0.90,增值量为 0.05。同样,报酬率的范围从 1 到 4,增值量为 1。

模型的前提假设是交易者在每一轮交易中只使用 1 美元的资本。这就是说,用于交易的资本百分比是其起始资本 k 美元中的 $(100/k)\%$。在模型中,起始资本是 1 美元、2 美元、3 美元、4 美元、5 美元或者 10 美元,那么,与这些资本相对应的用于投资的资本百分比分别是 100%、50%、33%、25%、20% 或者 10%。

四、模拟过程原理

从 0 到 1 之间的资金的使用比例通过随机号码产生器随机产生。如果资金的使用比例是从 0 到 $(1-p)$ 之间的值,那么交易就将导致 1 美元的损失。如果资金的使用比例比 $(1-p)$ 大但比 1 小,交易将获得 W 美元的盈利,这笔盈利将在那一轮交易开始增加到资本中。

交易在某轮中一直在继续,直到出现以下任何一种情况后,破产风险就可被看作是可以忽略的:① 在该轮交易中累积的所有资本都亏损了;② 初始资本增长到 100 倍。因任何原因而退出交易的行为标志着该轮交易的结束。这个过程被重复进行了 10 万次,以获得在给定参量群下的最可能的破产风险估计。为了简化模型分析,我们假定交易者不从账户上提走利润。破产风险是一个交易者在 10 万次尝试中失去所有交易资本次数的份数。

模拟结果正如预期的那样:结果直接与用于投资的资本比例相关,与获利概率和报酬率逆向相关。当报酬率为 2,获利概率不超过 0.3 时,无论用于投资的资本比例如何,破产风险都是 1(见表 9-1~表 9-6)。这正证明了贝利的观点:报酬率为 2 时,只要亏损概率是获利概率的两倍,那么破产风险就等于 1。

当获利概率上升时,破产风险就下降,下降程度的大小取决于用于交易的资本比例。在表 9-6 中我们可以看出,获利概率为 0.35,报酬率为 2,用于投资的资本比例为 10%,破产风险为 0.608。而当获利概率微升到 0.45 时,破产风险就下降到 0.033。

根据获利概率和报酬率的估算,交易者可以通过两种方式中的一种使用模拟的结果。首先,在一个给定的资本使用比例下,投资者可以对破产风险进行评价。假设获利概率为 0.6,而报酬率为 2,交易者愿意在任何时间内将 50% 的资本用于投资。表 9-2 显示相应的破产风险为 0.208。

其次,交易者可以使用表 9-3 来决定可转化为预先确定的破产风险的暴露风险水平。继续使用我们上面所举的例子,假设我们的交易者不接受 0.208 的破产风险估计,而只愿意接受它的一半,即 0.104。使用与前面一样的获利概率和报酬率,表 9-3 显示投资者应该只能使用 33.33% 而不是先前的 50% 的资本进行交易。这将使投资者获得一个更为容易接受的破产风险。

五、破产风险结果

(一)每次交易全部资金的破产概率表

每次交易全部资金的破产概率表见表9-1。

表9-1 每次100%的资本使用下的破产概率表

胜率(%)	赔 率(%)			
	1	2	3	4
5.0%	100.0%	100.0%	100.0%	100.0%
10.0%	100.0%	100.0%	100.0%	100.0%
15.0%	100.0%	100.0%	100.0%	100.0%
20.0%	100.0%	100.0%	100.0%	99.0%
25.0%	100.0%	100.0%	99.0%	88.7%
30.0%	100.0%	100.0%	88.1%	79.4%
35.0%	100.0%	95.1%	77.8%	71.3%
40.0%	100.0%	82.5%	69.1%	64.7%
45.0%	100.0%	71.4%	61.5%	57.9%
50.0%	98.9%	61.8%	54.1%	51.8%
55.0%	81.9%	53.4%	47.8%	46.3%
60.0%	66.7%	45.7%	41.9%	40.6%
65.0%	53.7%	38.8%	36.3%	35.6%
70.0%	43.0%	32.2%	30.6%	30.0%
75.0%	33.5%	26.6%	25.2%	25.2%
80.0%	25.1%	20.5%	20.1%	20.1%
85.0%	17.5%	15.3%	15.1%	15.1%
90.0%	11.0%	10.1%	10.1%	10.1%

(二)每次交易50%资金的破产概率表

每次交易50%资金的破产概率表见表9-2。

表9-2 每次50%的资本使用下的破产概率表

胜率(%)	赔 率(%)			
	1	2	3	4
5.0%	100.0%	100.0%	100.0%	100.0%
10.0%	100.0%	100.0%	100.0%	100.0%
15.0%	100.0%	100.0%	100.0%	100.0%
20.0%	100.0%	100.0%	100.0%	99.0%

胜率(%)	赔　率(%)			
	1	2	3	4
25.0%	100.0%	100.0%	99.1%	78.9%
30.0%	100.0%	100.0%	77.3%	63.1%
35.0%	100.0%	90.6%	60.6%	51.1%
40.0%	100.0%	67.8%	47.9%	41.6%
45.0%	100.0%	50.6%	37.8%	33.7%
50.0%	99.0%	38.2%	29.5%	26.9%
55.0%	67.2%	28.9%	22.9%	21.2%
60.0%	44.3%	20.8%	17.4%	16.6%
65.0%	28.9%	15.1%	13.0%	12.5%
70.0%	18.5%	10.6%	9.3%	9.0%
75.0%	11.2%	7.1%	6.4%	6.3%
80.0%	6.3%	4.4%	4.2%	4.0%
85.0%	3.2%	2.3%	2.3%	2.3%
90.0%	1.2%	1.0%	1.0%	1.0%

（三）每次交易33%资金的破产概率表

每次交易33%资金的破产概率表见表9-3。

表9-3　每次33%的资本使用下的破产概率表

胜率(%)	赔　率(%)			
	1	2	3	4
5.0%	100.0%	100.0%	100.0%	100.0%
10.0%	100.0%	100.0%	100.0%	100.0%
15.0%	100.0%	100.0%	100.0%	100.0%
20.0%	100.0%	100.0%	100.0%	99.0%
25.0%	100.0%	100.0%	99.1%	69.9%
30.0%	100.0%	100.0%	68.0%	50.1%
35.0%	100.0%	86.2%	47.4%	36.5%
40.0%	100.0%	55.9%	33.2%	26.9%
45.0%	100.0%	36.4%	23.0%	19.5%
50.0%	99.0%	23.6%	16.1%	13.9%
55.0%	55.1%	15.1%	11.0%	9.4%

胜率(%)	赔　率(%)			
	1	2	3	4
60.0%	29.7%	9.5%	7.2%	6.8%
65.0%	15.5%	5.8%	4.7%	4.4%
70.0%	7.9%	3.5%	2.9%	2.8%
75.0%	3.7%	1.9%	1.7%	1.6%
80.0%	1.6%	0.8%	0.8%	0.8%
85.0%	0.6%	0.4%	0.4%	0.3%
90.0%	0.1%	0.1%	0.1%	0.1%

（四）每次交易 25% 资金的破产概率表

每次交易 25% 资金的破产概率表见表 9-4。

表 9-4　每次 25% 的资本使用下的破产概率表

胜率(%)	赔　率(%)			
	1	2	3	4
5.0%	100.0%	100.0%	100.0%	100.0%
10.0%	100.0%	100.0%	100.0%	100.0%
15.0%	100.0%	100.0%	100.0%	100.0%
20.0%	100.0%	100.0%	100.0%	99.0%
25.0%	100.0%	100.0%	99.1%	62.0%
30.0%	100.0%	100.0%	59.9%	39.9%
35.0%	100.0%	82.0%	36.6%	26.4%
40.0%	100.0%	45.8%	22.9%	17.4%
45.0%	100.0%	25.9%	14.2%	11.1%
50.0%	99.0%	14.7%	8.6%	7.2%
55.0%	44.7%	8.2%	5.2%	4.5%
60.0%	19.5%	4.3%	3.0%	2.7%
65.0%	8.3%	2.3%	1.6%	1.6%
70.0%	3.6%	1.1%	0.9%	0.8%
75.0%	1.3%	0.5%	0.4%	0.4%
80.0%	0.4%	0.2%	0.2%	0.2%
85.0%	0.1%	0.1%	0.1%	0.1%
90.0%	0.0%	0.0%	0.0%	0.0%

（五）每次交易 20％资金的破产概率表

每次交易 20％资金的破产概率表见表 9 - 5。

表 9 - 5　每次 20％的资本使用下的破产概率表

胜率(%)	赔 率(%)			
	1	2	3	4
5.0%	100.0%	100.0%	100.0%	100.0%
10.0%	100.0%	100.0%	100.0%	100.0%
15.0%	100.0%	100.0%	100.0%	100.0%
20.0%	100.0%	100.0%	100.0%	99.0%
25.0%	100.0%	100.0%	98.9%	55.4%
30.0%	100.0%	100.0%	52.6%	31.7%
35.0%	100.0%	77.9%	28.7%	18.7%
40.0%	100.0%	37.6%	15.9%	11.3%
45.0%	100.0%	18.3%	8.7%	6.5%
50.0%	99.0%	9.0%	4.7%	3.8%
55.0%	36.8%	4.4%	2.5%	2.1%
60.0%	13.0%	2.0%	1.3%	1.1%
65.0%	4.6%	0.8%	0.6%	0.5%
70.0%	1.5%	0.4%	0.3%	0.3%
75.0%	0.4%	0.1%	0.1%	0.1%
80.0%	0.1%	0.0%	0.0%	0.0%
85.0%	0.0%	0.0%	0.0%	0.0%
90.0%	0.0%	0.0%	0.0%	0.0%

（六）每次交易 10％资金的破产概率表

每次交易 10％资金的破产概率表见表 9 - 6。

表 9 - 6　每次 10％的资本使用下的破产概率表

胜率(%)	赔 率(%)			
	1	2	3	4
5.0%	100.0%	100.0%	100.0%	100.0%
10.0%	100.0%	100.0%	100.0%	100.0%
15.0%	100.0%	100.0%	100.0%	100.0%
20.0%	100.0%	100.0%	100.0%	99.0%
25.0%	100.0%	100.0%	99.0%	30.3%
30.0%	100.0%	100.0%	27.7%	10.2%

续　表

胜率(%)	赔　率(%)			
	1	2	3	4
35.0%	100.0%	60.8%	8.2%	3.6%
40.0%	100.0%	14.3%	2.5%	1.3%
45.0%	100.0%	3.3%	0.8%	0.4%
50.0%	99.0%	0.8%	0.2%	0.1%
55.0%	13.2%	0.2%	0.1%	0.1%
60.0%	1.7%	0.0%	0.0%	0.0%
65.0%	0.2%	0.0%	0.0%	0.0%
70.0%	0.0%	0.0%	0.0%	0.0%
75.0%	0.0%	0.0%	0.0%	0.0%
80.0%	0.0%	0.0%	0.0%	0.0%
85.0%	0.0%	0.0%	0.0%	0.0%
90.0%	0.0%	0.0%	0.0%	0.0%

第四节　资金管理方法

资金管理方法多种多样,不过好的资金管理都表现为在交易亏损的时候减少交易数量,在交易顺利的时候增加交易数量,下面介绍四种好的资金管理方法。

一、固定资本资金管理

本资金管理办法首先计算每交易一个期货合同的固定资本单位。

$$固定资本单位 = \frac{最大的亏损}{最大风险接受度}$$

最大的亏损需要检验交易的期货合同在使用交易模型过程中历史的最大单次亏损,一般而言这种最大的单次亏损是由于巨大的不利跳空或者是极其快速的行情导致止损失效产生的。最大风险接受度是指交易者对于一次巨大的亏损占总资金的比例到什么程度就会非常不舒服,这个比例因人而异,通常保守的交易者一个 10% 的单次损失就可能达到他能忍受的极限,冒进的交易者可以接受 30% 以上的单次亏损。

例如,交易橡胶的交易模型的历史回溯显示最大的单次亏损可以达到每手 10 000 元,你的最大风险接受度假定为 10%,那么交易一手橡胶的固定资本金就为 10 000 ÷ 10% = 10(万元)。知道了固定资本单位就可以继续计算总账户能够交易的合同数量。

$$合同数量 = \frac{账户资金}{固定资本单位(取整)}$$

以橡胶为例,账户每增加 10 万就可多交易一个合同,无论账户交易多少合同,只要发生单次历史最大亏损,总账户的回撤就是 10%。

二、固定比例资金管理

固定比例资金管理使用下面的公式来计算增加一个合同需要的账户水平:

下一个账户水平=当前的账户水平+(当前合同数量×增量)

增量=单个期货合同损失+初始保证金

为了保守起见,确定的增量应该比较大,能够保证在最不利的情况下,不会因为保证金不足而被强平,所以建议单个期货合同的损失选用历史最大单次亏损。当然也不是必需的,激进一些的交易者也可以选用比如平均损失额的两倍这样的数字。

还是以橡胶为例,单个期货合同的历史最大损失为 10 000,保证金需要 28 000,那增量为 38 000(=10 000+28 000),又假定当前账户为 10 万,已经交易 1 个合同,那么交易 2 个合同需要的资金为 138 000(=100 000+1×38 000),如果在两个合同的时候发生最大单次亏损,就会亏损 20 000,资金回撤为 14.5%;交易 3 个合同需要的账户水平为 214 000(=138 000+2×38 000),如果持有 3 个合同的时候发生历史最大单次回撤就会亏损 30 000,回撤率为 14%(=30 000÷214 000);交易 4 个合同需要的账户水平为 328 000(=214 000+3×38 000),如果持有 4 个合同的时候发生历史最大单次回撤就会亏损 40 000,回撤率为 12.2%(=40 000÷328 000);交易 5 个合同需要的账户水平为 480 000(=328 000+4×38 000),如果持有 5 个合同的时候发生历史最大单次回撤就会亏损 50 000,回撤率为 10.4%(=50 000÷480 000);交易 6 个合同需要的账户水平为 670 000(=480 000+5×38 000),如果持有 6 个合同的时候发生历史最大单次回撤就会亏损 60 000,回撤率为 8.9%(=60 000÷670 000)。

三、固定百分比资金管理

固定百分比资金管理要求限定每次交易占账户余额的比例,合同数量计算如下:

合同数量=账户余额×固定百分比÷每次交易风险

职业交易者一般把这个百分比规定得比较小,如 1% 以下,冒进一些的交易者可以定为 5% 以下。鉴于一般交易者的交易系统,强烈建议定为 3% 以下,如果高于 3%,破产风险就开始显著上升。

这种资金管理办法控制每一次的交易风险,很多交易系统可能会产生连续累计多达 10~20 次的亏损,如果你的账户能够接受的最大回撤为 10%~20%,那么将每一次亏损的百分比定为 1% 左右就是合理的。

　　同样,以 10 万的账户交易橡胶,假定百分比设为 1%,每次的交易风险就应该控制在 1 000 元以内,显然 1 000 元的单次交易风险只适用于短线交易,如果是中长线交易,需要的最小资金就远大于 10 万,如果交易模型的平均止损是 3 000,那么最小的交易账户资金是 30 万,因此该资金管理需要的初始资金可能较大。

　　无论最糟糕的情况发生在什么时候,账户的理论最大回撤就只能控制在 10%~20%。

四、固定波幅资金管理

　　固定波幅指在将市场波幅限制为账户余额的固定比例。

$$合同数量＝账户余额×固定比例÷市场波动$$

　　市场波动可以使用一定时期的最高价和最低价的平均值来度量或者使用前一收盘价和今最高价和最低价中的较大者的一段时期的平均值来度量。采用该资金管理方法,当市场波动性大的时候交易的合同数量会较少,当市场波动性小的时候交易的合同数量会增加。

第五节　单品种资金管理

　　单品种资金管理是指任何时候最多交易一个品种时的资金管理,这是最简单的交易环境,便于进行资金管理分析。下一节将讨论更复杂得多品种交易时的资金管理。

　　这里的分析建立在交易者有自己非常熟悉的一个交易系统之上,交易者对这个交易系统的特性非常了解,对长期的胜率、盈亏比、最大单次亏损、平均亏损、最大连亏次数、累积最大回撤等指标要心知肚明。这里以长期的某个交易系统为例来思考如何进行单品种资金管理。这个交易系统胜率在 45% 左右,盈亏比在 1.5,最大连续亏损 5 次,累积最大亏损相当于 10 次平均亏损,每年交易 120 次左右。

一、对常规连续交易不利时的资金管理

　　常规不利是交易中经常遇到的连续交易亏损。鉴于上面的交易系统的特性,我们知道当连续不利的情况出现,最坏的情况是累积 10 次平均亏损,这种情况出现的概率还是比较大的,比如一年出现一到两次。只要给出交易者的最大风险忍受值,就可以确定每次交易的交易数量,不同百分比固定资金管理的结果见表 9-7。

表 9-7　不同百分比固定资金管理下的表现

	10%的最大回撤	20%的最大回撤	30%的最大回撤
风险承受度	低	中	高
常规风险	平均每次 1%的止损	平均每次 2%的止损	平均每次 3%的止损
年期望收益率	30%	60%	90%
最大回撤恢复收益率	11%	25%	43%
最大回撤恢复时间	4 个月或 44 笔交易	8 个月或 100 笔交易	17 个月或 170 笔交易

若风险接受度较低,比较容易接受 10%的最大回撤,这样每次单品种交易就最多亏损总资金的 10%,累积发生 10 次,总资金的最大回撤为 10%。如果出现这种最大回撤,大约需要 44 笔正常的交易,这需要大约 4 个月的时间来恢复。

二、巨大的反向跳空

虽然在 2015 年以后很多和外盘联系紧密的品种都实行了夜盘交易,跳空的情况比之前要好一些,但 3%以上的跳空还是经常可以看见,出现的频率基本上是每年一到两次。这种跳空的影响也是比较大的,通常按照 10 倍的杠杆算,一个 3%的大不利跳空就会亏损保证金的 30%。巨大不利跳空对短线交易系统是一个非常大的损害,可能相当于 4~20 次平均亏损;对于交易周期较大的交易系统,由于止损较大,巨大的不利跳空可能相当于 2~4 次平均亏损;对于交易周期很大的交易系统,这样巨大的跳空可能相当于 1~2 次平均亏损。

三、极端的快速不利行情

极端的快速不利行情往往是和前面的主要趋势方向相反,具有出其不意的效果,一般是在高位的大跌或者在低位的暴涨。例如,在 2016 年 11 月 11 日的晚上 9 点 32 开始的 20 分钟内,有橡胶、PTA、镍、棉花在短时间暴跌 10%以上,而且跌得太快,止损单或者画线止损单不能成交,导致极端的交易灾难,这种情况往往几年才有一次,但其破坏力是非常巨大的。假设这种不利行情的影响是 10%的亏损,相对保证金就是 100%。对这种灾难的抵御能力,不同交易周期的抵御能力不同,交易周期越大,抵御能力越好。

选择什么样的最大风险回撤值是需要考虑常规不利,巨大的不利跳空和极端不利的快速行情以及自己交易系统的特性和自己的风险接受能力。

四、关于亏损加仓的讨论

一般情况下不建议亏损加仓。亏损加仓在对的时候可以摊低成本,快速扩大仓位,较快实现扭亏为盈;但在不利情况加剧的时候无疑是雪上加霜,在本来就不舒服的情况下加重不良情绪,很可能导致不及时止损,甚至继续亏损加仓的危险举动。

五、关于盈利加仓的讨论

盈利加仓是很多人推崇的做法,其根据是让利润奔跑,特别是在看历史上趋势凌厉的某些行情,只要浮盈加仓,收益率将是一个惊人的数字。但实际这种做法蕴含着极大的风险,加仓的位置不好,仓位不当,很容易将前面辛辛苦苦累计的利润吐回去。这种情况产生的根本原因是相对于那些规范和凌厉的趋势行情,不规范和凌乱复杂的走势更多更常见。关于盈利加仓的一些好的建议:

(1) 拉开加仓的空间距离,不要加得太近太快;

(2) 使用递减的头寸进行加仓;

(3) 强烈建议将新的仓位当作是一次独立的交易,使用固定百分比或固定波幅的资金管理。

第六节　多品种资金管理

一、多品种交易的好处和坏处

(一) 交易多品种的好处

1. 交易多品种,有利于分散风险

当交易多品种的时候,由于每个品种的影响因素不一样,很难同涨同跌,特别是有负相关关系的品种会一涨一跌,在绝大多数时候会起到减少风险的作用,但有时也会出现多个品种都处于连续亏损的状况,虽然这种情况发生的概率比单品种更低。

对于第五节提到的交易系统的亏损概率是 0.55,连续发生 5 次的概率是 5%($= 0.55 \times 0.55 \times 0.55 \times 0.55 \times 0.55$),但两个独立交易品种同时发生连续五次亏损的概率就只有 0.25%;三个独立交易品种同时发生亏损的概率就只有 0.01%,可见独立交易品种可以大幅减低风险。

2. 交易机会比单品种多

交易单品种,一年的交易机会有限,如果能够交易多品种,交易机会就会大幅增加,年收益也会因此增加,对于一个盈利交易系统,系统的年交易次数和交易绩效是呈正比的。

（二）交易多品种的坏处

1. 分散精力

交易多品种肯定比交易单品种所花费的精力要多，这对于交易质量来说不是一个好的因素。

2. 当系统性风险来临时，分散风险的作用有限

当系统性风险来临的时候，特别是极端的快速不利行情来临的时候，这种情况虽然发生的概率低，大约几年一次，但它的破坏力非常大，值得交易者重点研究。因为当这种情况发生，平时看起来不太相关的品种这时会齐涨齐跌，完全不可理喻。这时多品种交易理论上的分散风险的作用不见了，反而是加大风险。

二、极端的快速不利行情

我们最近在全面实施夜盘之后，遇到了这种性质的极端行情，时间发生在 2016 年 11 月 11 日周五的晚上。三大期货交易所的多数品种在橡胶、PTA、棉花、镍的带领下在 20 分钟的时间走出了极端的快速行情。

（一）主要活跃领跌品种的表现

1. 橡胶

橡胶 21 点 32 分开始 20 分钟从 16 945 跌到 2 151 的 15 070，下跌 10.7%，注意三根最大的快速下跌的 K 线的成交量在 1 万手以上，21 点 45 分第一根 K 线快速下跌 390 点，很可能造成止损单不能成交，见图 9-1。

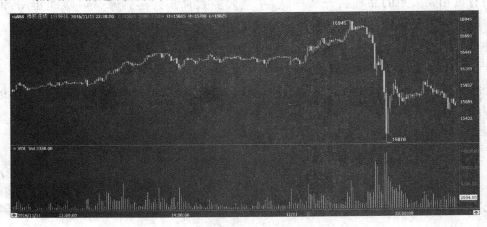

图 9-1　橡胶

2. PTA

PTA 从 21 点 32 分的最高点 5 360 开始下跌，到 21 点 51 分跌到最低点 4 706 下跌 12.2%（见图 9-2），1 145 的第一次破位暴跌可能造成止损单成交不了。

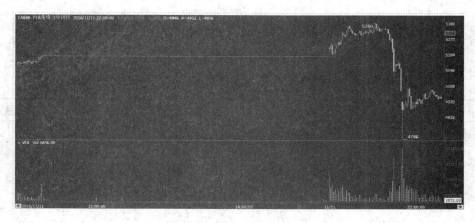

图 9-2　PTA

3. 镍

镍从 21 点 38 分的 99 800 跌到 21 点 51 分的 90 000，下跌 9.2％，见图 9-3。

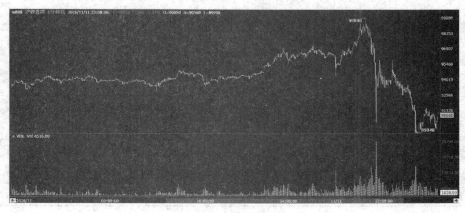

图 9-3　镍

4. 棉花

棉花从 21 点 45 分的 17 005 跌到 21 点 51 分的 14 775，下跌 13.1％，见图 9-4。

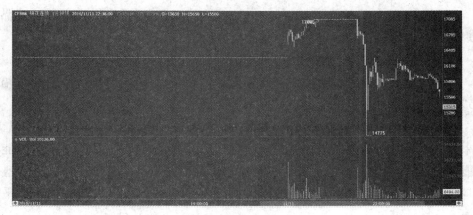

图 9-4　棉花

(二) 16 个活跃品种统计表

2016 年 11 月 11 日周五的晚上对 16 个活跃品种进行汇表统计,见表 9-8。

表 9-8 16 个活跃品种统计表

品　种	开始下跌时间	开始下跌点位	快速下跌结束时间	结束点位	下跌幅度
橡胶	21:32	16 945	21:51	15 070	10.7%
PTA	21:32	5 360	21:51	4 706	12.2%
铜	21:40	48 040	21:51	46 150	3.9%
铝	21:32	14 850	21:52	14 055	5.6%
镍	21:38	99 800	21:51	90 000	9.2%
黄金	21:38	282	21:52	280.82	0.4%
白银	21:41	4 333	21:52	4 248	12.0%
锌	21:35	21 795	21:51	20 785	4.6%
螺纹	21:42	3 213	21:51	3 019	6.0%
白糖	21:35	6 858	21:49	6 739	1.7%
棉花	21:45	17 005	21:51	14 755	13.1%
甲醇	21:41	2 517	21:51	2 400	4.6%
铁矿石	21:46	656.5	21:52	642.5	2.1%
焦炭	21:41	2 276.5	21:52	21:30	6.4%
豆粕	21:41	3 015	21:49	2 853	5.4%
豆油	21:41	6 870	21:50	6 486	5.6%
平均					6.5%

说明:这 16 个品种的选取是依据成交量较大的原则选择,而且同一个相似度较高的群中只选一个,如焦炭和焦煤只选焦炭;豆油、棕榈油、菜籽油只选豆油。

对上表进行分析,可以得到如下结论:

(1) 在 2016 年 11 月 11 日 21 点 31 分开始到 21 点 52 分的 21 分钟内,这些品种出现了惊人的同方向巨幅向下运动,成为巨大的系统性风险。

(2) 其中橡胶、PTA、棉花、白银下跌超过 10%。

(3) 假定我们的操作是活跃品种的全品种参与,假定是这 16 个,平均跌幅是 6.5%。

(4) 之所以要把分时图截下,是为了观察如果在前低点处止损是否能够成交。如果在那个位置没有快速下跌,止损就容易成交;如果有快速下跌,止损很可能就不能成交。如果能够止损成交,那么损失就可以小一些。依据这种分析,遇到 2016 年"双 11"的这种行情,16 个品种的平均亏损是 4.3%,小于期间的最大平均亏损 6.5%,见表 9-9。

表 9-9　考虑是否可止损下的 16 个品种的下跌幅度

品　种	下跌幅度	止损	备注
橡胶	10.7%	5.0%	前低位有盘整,可以正常止损
PTA	12.2%	12.2%	前低位快速下跌,止损失效
铜	3.9%	2.8%	前低位有盘整,可以正常止损
铝	5.6%	5.6%	前低位快速下跌,止损失效
镍	9.2%	5.0%	前低位有盘整,可以正常止损
黄金	0.4%	0.4%	前低位有盘整,可以正常止损
白银	12.0%	6.0%	前低位有盘整,可以正常止损
锌	4.6%	2.3%	前低位有盘整,可以正常止损
螺纹	6.0%	3.0%	前低位有盘整,可以正常止损
白糖	1.7%	0.7%	前低位有盘整,可以正常止损
棉花	13.1%	13.1%	前低位快速下跌,止损失效
甲醇	4.6%	2.3%	前低位有盘整,可以正常止损
铁矿石	2.1%	2.1%	前低位有盘整,可以正常止损
焦炭	6.4%	4.0%	前低位有盘整,可以正常止损
豆粕	5.4%	2.0%	前低位有盘整,可以正常止损
豆油	5.6%	1.8%	前低位有盘整,可以正常止损
平均	6.5%	4.3%	

三、同时交易多种不同合约时应该注意的问题

(1) 注意品种的相关性,多交易相关性差异大的多个品种。相关性差异大的商品,特别是负相关或者是不相关的商品,它们的涨跌步调不一致甚至相反,这对平稳资金曲线有较大的好处。

(2) 同一市场群的商品的交易仓位一定要注意控制。同一市场群的商品的影响因素具有相当大的同一性,经常会同涨同跌,涨跌幅度也差不了太多,所以一旦在某一市场群的仓位过重,在遭遇不利的时候回撤可能过大。经验表明,一个市场群的交易仓位不要超过总资金的 25%。

(3) 期货总仓位不要超过总资金的一定比例。在某些时候,所有的期货品种会出现同相关性,就连平时不相关的商品也会表现出同涨同跌,期货市场这时就如同波涛汹涌的海面,稍不注意就会翻船。所以一定要限制期货的总仓位,如"双 11"行情中,很多的品种在短短十几分钟从涨停到跌停。假定有 20% 的活跃合约的波动是 8%,平均 10 倍的杠杠,就是 80% 的回撤幅度,活跃期货总体市场的回撤就是 16%(=20%×80%)。如果你的仓位是 50%,也会有 8% 的最大回撤。所以期货总投资

一定不要超过 50%，剩下的资金可以做一些固定收益投资。如果交易模型是对冲套利，由于风险较小所以仓位可以大一些，是可以超过 50%的。

思考与习题

1. 简述资金管理的目的。
2. 简述重仓交易产生的原因、形式和危害。
3. 固定资本资金管理是如何确定仓位的？
4. 固定百分比资金管理是如何确定仓位的？
5. 固定比例资金管理是如何确定仓位的？
6. 固定波幅资金管理是如何确定仓位的？

第十章 止损与止盈

▰▰▰▱ 学习提示

不会科学地止损和止盈就做不好交易,止损和止盈是投资者经常要遇到的问题,但很多投资者在这两个方面都做得不好,所以有必要好好学习正确的止损和止盈方法。

▰▰▰▱ 内容提要

第一节介绍止损,对止损的含义、作用、类型做介绍,重点是介绍如何科学止损;第二节介绍止盈,对止盈的含义、作用、类型做介绍,重点是介绍如何科学止盈。

▰▰▰▱ 学习目标

理解止损的必要性;掌握止损的类型;掌握科学止损的几个原理;掌握止盈的类型;掌握科学止盈的几个原理。

第一节 止 损

止损是一个让交易者比较头疼的事情,止损下去就让亏损成为既成事实,不止虽然可能反败为胜,但也可能亏得更多。如何正确处理止损,本节会给出答案。

一、止损的含义和作用

(一) 止损的含义

止损就是当亏损到一定程度后认输平仓的做法。

(二) 止损的作用

1. 避免更大的损失

止损的含义就是在亏损还可以接受的范围内结束交易,这样做的目的就是想避

179

免更大的后续损失,虽然这笔止损的交易后面可能回本,甚至回本的概率还大于50%都还是要止损的原因是交易者要绝对避免持有一个不利大趋势,如果不止损的话,这样的大亏损一次就足以要命。如果每次都在亏损可以接受的范围内止损就不会有更大的单次亏损了。

2. 避免大亏后的负面情绪

大亏除了在账面上产生了明显的损失外,另外它可能引发更为危险的负面情绪,如大亏之下很容易激发重仓交易、频繁交易、冲动性交易等不良交易,这些负面交易很可能将已经不利的账面亏损变得更多,甚至会导致更为严重的破产。

3. 避免破产

交易最重要的是生存,而生存的充分条件是将自己的破产风险控制在最小可能的水平上,而止损是避免破产的重要手段之一,另外避免破产的手段是提高交易正确率,增加风险收益比和下小注。

二、止损的类型

(一)心理止损

心理止损就是亏损扩大到心理承受不了而进行的止损,这种止损是业余水平的止损,是没有任何科学依据的止损,仅仅是照顾交易者心理的保护性措施。

(二)绝对金额止损

交易者如果对每次的最大亏损做一个相对不变的规定就属于绝对金额止损。例如,交易者本金 10 000 元,分成 10 次等分下注,每次最大亏损 1 000 元。绝对金额止损的另外一个叫法是绝对点位止损,绝对点位是针对不同的商品的波动特性而概括出来的一个数量单位,比如橡胶 100 点止损就是固定的 1 000 元止损,IF 股指 10 点止损就是 3 000 元止损。

(三)技术位止损

技术位止损是以技术分析为方法来确定初始交易什么时候错误并结束交易。最常见的是以前高或前低作为压力和支撑位来止损,另外以均线的支撑和压力来进行止损的也不在少数。技术位止损的优势是简单易学,劣势是容易被交易对手看穿和利用,许多庄家和主力就是知道许多散户相信技术分析而经常做线或者利用技术陷阱猎杀散户。

(四)时间止损

交易系统规定的结束时间到了而了结交易叫作时间止损。许多日内交易要求持仓在最后一分钟前平仓就属于时间止损。另外,一些短线趋势交易者规定开仓后如果若干时间没有明显盈利就平仓出局也属于时间止损。

(五)总资金的百分比止损

这是一个相对专业的止损方法,就是对每一次交易的最大亏损制定一个百分比,每一次交易的亏损就是总资金乘以百分比。这种止损会随着总资金的不同而线性增减,而且经常和其他止损方法配用。例如,上面先用总资金乘以百分比确定最大亏损金额,然后使用技术止损确定1手交易的亏损额度,最后用总资金乘以百分比确定的最大亏损金额除以使用技术止损确定1手交易的亏损额度得到本次交易的交易手数。由于交易者是按比例交易和止损,很容易将最大回撤控制在合理的范围内。

(六)波动率止损

波动率是按照对波动率的定义取一定时间周期的波动率值来进行止损的方法。该方法也是专业的止损方法,而且是一个具有自适应的止损方法,当行情波动较大止损就大,行情波动小止损就小。例如,用一定周期的30个收盘价的2倍标准差作为波动距离的代表来止损就有概率上的优势和上面所说的自适应性。

三、止损的代价

止损无疑对交易者破产风险的降低是有作用的,但它也有不菲的代价。

(一)使交易次数增多,增加交易费用

止损使得交易次数增加,增加交易次数特别是亏损后增加交易次数意味着在亏损的基础上再加上交易手续费和滑点的扩大亏损,这样亏损就会增加。从前面的分析可知,交易手续费和滑点对总资金的侵蚀程度是非常巨大的。

(二)失去扭亏为盈的机会

许多交易,如果我们放大初始止损,行情的往复性会造成不少交易可以先亏后盈,但是止损让这种反败为胜的机会彻底不复存在。要知道行情在超过70%的时间都是在盘整,行情的常规走势就是上上下下漂浮不定,交易后先亏后盈的概率其实不低,特别是给足空间和时间后交易先亏后盈的概率还大于50%。但是,依据前面的分析,为了保证避免大的亏损,必须要无一例外地执行止损,即使止损错误也必须要这样做,否则终会被一次不回头的大趋势消灭掉。

(三)失去减少亏损的机会

我们的许多止损操作,如果放宽止损有许多时候即使不能反败为胜,也能通过延迟止损等行情回来一些再止损,这比初始的止损要亏损小一些。但是,止损让这

种减少亏损的机会也彻底不复存在。

四、如何科学止损

(一) 交易必须止损

交易必须止损应该是一个不容争议的论断,特别是期货市场,由于合约有时间限制以及保证金交易特性都让期货交易市场风险巨大,如果不止损,水平再高的交易者都会因为一个持续的趋势行情做反而亏损破产。其次,期货止损可以在亏不太多的时候就停止交易,这虽然让交易者不舒服,但可以避免不止损大亏后的情绪失控,而这种情绪失控的破坏力是相当巨大的,所以期货交易必须止损。但根据上面的分析,止损操作在很多时候事后看来是不会亏损的,我们的很多止损操作都是自己吓自己,止损的总体效果并不是正面的,特别是没有破产的交易产生之前。所以,还有必要研究一下如何减少止损的负面影响。

(二) 使用宽止损而不是窄止损

宽止损优于窄止损的原因是窄止损导致的交易次数太多而付出了较多的手续费和滑点,其次窄止损对期货价格的随机波动的抵抗力较差导致窄止损丧失扭亏为盈的机会。

(三) 根据不断变化的行情收窄止损

要知道初始止损是依据开仓时的情况制定的止损,但是当行情继续变化后,可以依据更新后的情况缩小止损,这样在不丧失正确率优势的情况下可以亏损得更小,这样能更好地服务于交易目的。

(四) 技术位止损要加较大缓冲

技术位止损是许多期货交易者使用的交易技术,凡是被散户大量使用的交易技术就很可能被主力庄家所利用,主力庄家的交易困难是很难以较小的冲击成本找到大量的交易对手,所以被广大散户所信任和使用的技术图形和形态就成为庄家设立陷阱的最佳时刻。比如长期盘整后形成突破是经典技术分析所认为好的介入点,大多数散户相信这个技术点就会同方向地开仓并同时将止损放在差不多的技术位,主力庄家是深知这种情况的,所以他们会进行力量对比和机会分析。如果他们准备要在这里猎杀散户,就可以利用他们的资金、信息优势操作期货价格,先进行突破操作,然后吸引大量跟风盘后就开始和跟风盘做对手交易,就能在短时间找到大量交易对手,然后利用自己的资金优势形成假突破然后很快地将散户的止损位打穿,非常快地在短时间结束猎杀行动。所以,对于技术位止损一定要留比较大的缓冲才能躲过这样的庄家技术陷阱。

第二节 止 盈

交易中和止损相对应的一个操作是止盈,止盈的不同设置有不同的效果,它是一个值得交易者认真思考的问题。

一、止盈的含义和作用

(一)止盈的含义

止盈是在盈利状况下依据一定理由结束交易的行为。

(二)止盈的作用

1. 实现交易目的

当实现开仓时的交易目的可以落袋为安了。

2. 避免利润大的回吐

行情的走势经常反复,止盈的实施可以避免利润大的回吐。

二、止盈的类型

(一)目标价止盈

当价格运行到开仓时的目标价位就实施平仓的措施,这种目标位可以是心理的,也可以是技术分析的。

(二)技术位止盈

依据技术分析,可能面临支撑或压制,可以考虑技术位止盈。

(三)开仓或持有理由不存在后止盈

比如依据供求关系进行的开仓,持有一段时间后供需情况逆转后平仓。

(四)跟踪止盈

跟踪止盈是当盈利后价格波动运行,使用不断远离成本的波峰或波谷作为最新的止盈位。

三、如何科学止盈

（一）使用宽止盈而不是窄止盈

宽止盈优于窄止盈的原因首先是窄止盈导致的交易次数太多而付出了较多的手续费和滑点，其次窄止盈对期货价格的随机波动的抵抗力较差导致窄止盈丧失捕捉大的趋势的机会。

（二）根据不断变化的行情进行跟踪止盈

跟踪止盈是一种较为科学的止盈方法，特别是对简单趋势的捕捉能力较强，特别适合走势反复的交易背景。由于我国的期货市场的未来行情的变化趋势就是行情越来越难做，所以跟踪止盈的效果较好。

（三）技术位止盈要加较大缓冲

技术位止盈是许多期货交易者使用的交易技术，凡是被散户大量使用的交易技术就很可能被主力庄家所利用。主力庄家的交易困难是很难以较小的冲击成本找到大量的交易对手，所以被广大散户所信任和使用的技术图形和形态就成为庄家设立陷阱的最佳时刻，所以一定要加大缓冲去捕捉大趋势。

思考与习题

1. 止损为什么是必须的？
2. 简述止损的类型。
3. 简述科学止损的几个原理。
4. 简述止盈的类型。
5. 简述科学止盈的几个原理。

第十一章 交易系统

●●● ▶◀ **学习提示**

　　拥有一个交易系统是所有成功投资者共同的特征。一个成功的交易系统有自身的特点,也有自己的生命周期。正确地寻找和建立自己的交易系统是一项艰苦卓越的工作。交易系统化是交易者在面对变化莫测的投资市场的一个最佳反应方式。

●●● ▶◀ **内容提要**

　　第一节介绍交易系统的含义和特征;第二节介绍两种不同交易系统的设计思路;第三节介绍交易系统的检测方面的注意事项。

●●● ▶◀ **学习目标**

　　了解交易系统的含义和特点;了解交易系统的两种设计思路;了解交易系统监测的流程和中间注意的问题。

　　前面介绍的各种技术分析方法和资金管理只是给交易者在分析证券价格的变动和如何科学投入交易资金上提供帮助,真正要在风险极高的投资市场上长期获得盈利是非常有难度的事情,要挑战这种难度,交易者需要有交易系统。

第一节 交易系统的含义和特征

一、交易系统的含义

　　交易系统一词是交易者经常提到但又语焉不详的一个词语,百度百科给出的解释是交易系统是系统交易思维的物化。系统交易思维是一种理念,它体现为在行情判断分析中对价格运动的总体性的观察和时间上的连续性观察,表现为在决策特征中对交易对象、交易资本和交易投资者的这三大要素的全面体现。更进一步的解释为交易系统是指在交易市场中能实现稳定赢利的一套规则,它包括科学的资金管理、有效的分析技术、良好的风险控制,最终目的是实现交易员的稳定赢利,可分为主观交易系统、客观交易系统和两者相结合的交易系统。一个交易系统就是一个交易员的心血结晶,体现了交易员的交易哲学。因此,它不具有普适性,即一个交易系统只有在它的创造者手中才能发挥出最大效果。所以对交易员来讲,只有打造出自己的交易系统才能走上稳定盈利的道路。笔者根据自己十几年的理论和实践的探索,认为将交易系统定义为"交易系统是交易者自己经过长期试验开发出来的符合自身投资哲学和性格的一套可以重复使用能够长期稳定盈利的买卖及资金管理规则"更为准确和精简。

二、交易系统的特征

(一)交易系统是交易者自己经过长期试验开发出来的符合自身投资哲学和性格的系统

1. 交易系统需要交易者自己开发

交易系统必须要交易者自己进行开发,因为交易系统要实现最终产生稳定盈利的终极目的,需要交易者使用好交易系统,而使用好交易系统的前提是必须对交易系统的每一个要素有充分的理解。这种充分的理解不是理论上知道它是对的就行,而是要经过无数的设想、测试、修改、优化等纷繁艰巨的工作后形成的理解。这种理解既需要对交易系统的每一个要素是如何具体被确定的原理和过程了然于心,还需要深入理解该要素和其他要素之间相互影响的效果,最后需要深入理解交易系统背后所反映出来的投资哲学和投资风格。如果不对上述问题进行深入理解就会导致僵化使用,在交易系统表现不好的时候贸然进行改变导致更大的灾难,不能将交易系统和交易者完美融合等问题,这些问题最终会导致交易系统使用效果不好。

交易系统一般来说是依据交易者的交易哲学和交易经历、历史交易数据设计开发出来的,这种依据历史数据设计出来的交易系统是否需要在未来进行改变是一个可以深入探讨的问题。有一种博弈思想认为任何依据历史数据总结出来的规律都会在未来或慢或快地失去效力。如果认同这种理念就会自然地开发出依据未来行情在原有基础上进行改变的交易系统。这样就不可避免地涉及交易系统随时间的变动而调整和改变的问题。交易者只有精通原交易系统的设计原理、信号系统、风险控制、资金管理等各个要素才能谈得上在原有交易系统的基础上进行调整和改变来适应新的交易环境。这里所要求的精通程度只能是自己研发,只有是自己研发才能做到比较快速和有效地调整和改变。

如果不是自己开发,很难对这种要素之间的微妙动态平衡进行深入的理解,不进行交易系统要素之间的深刻理解就不能很好地设定参数使用好交易系统;如果不对交易系统背后所反映出来的投资哲学和投资风格进行深入理解,就不能认同和熟练地使用该交易系统。比如,止损的设置就影响正确率、交易次数以及收益率,同等条件止损越大正确率就越高,交易次数越少,但单次亏损会加大,总风险和总收益不确定。又比如,一个长线交易系统一年就交易五六次,一些性子比较急的交易者使用该交易系统不会有耐心执行下去。

比如大致相同的交易系统在交易螺纹钢和白糖时在止损设置上就应该不同,同等条件下白糖的止损位就应该大一些,因为白糖的波动率一般比螺纹钢大。如果不清楚该交易系统止损参数是如何确定的,就把在螺纹钢交易品种所确定的止损参数贸然用在白糖交易品种上,一般来说效果就不如螺纹钢好。如果很清楚交易系统中止损参数是如何来确定,再结合各个具体的品种来确定,就会找到每个交易品种的最优止损参数。

2. 交易系统是经过长期试验才能成功开发的

交易系统的开发是一个长期过程,投资界有一个说法是天才需要5年成熟,一般人需要10年左右才能成为成功的交易者。成功的交易者的核心标志是拥有一套属于自己的成功交易系统。为什么有这样的说法?因为一个股市的牛熊周期一般是5年,自己经历过一次就能将成功投资之道悟出的人绝对是天才,而智力一般的人就只能花更长时间。通常一个智力一般的交易者的成功路径是从一个初手开始花费1~2年认识市场,花2~3年学习、验证交易方法,最后花几年时间构建、修正、优化、固定自己的成功交易系统,这样成功开发自己的交易系统至少在5年以上。

构建一个交易系统需要构建者实实在在经历至少一个完整的牛熊周期,这样才会真切地感受牛市和熊市的不同市场氛围。如果没有亲身经历,就不会对人性的贪婪和恐惧有真切的感受,如果没有对贪婪和恐惧有深刻的理解,就不能构建一个成功的交易系统。股市的牛熊一般是5年左右,商品的牛熊有长有短,短的1~3年,长的甚至10年。

根据自己的交易实践和对其他人的交易方法的接受、批判、吸收从而提炼出自己的交易哲学,深刻认识交易制度、交易市场、交易价格运行规律、交易对手和自己,这是一个不断学习、实践、思考的过程。这一过程需要几年的时间。即使开发出一个属于自己的交易系统,虽然经过了历史检验,但是还需要未来的实盘检验,而真正较完整的检验是需要在不同的市场环境下进行检验,行情最粗糙的分类就是牛市和熊市。所以,对于一个长线系统,至少需要一个完整的时间跨度为几年的行情来检验,只有通过实盘检验的交易系统才是可信的。就算是一些中短线系统所需要的检验时间不需要长线那么长,但要知道从经验上看,中短线系统的有效稳定性一般比长线系统要差,所以多检验几轮牛熊是更谨慎的做法,毕竟牛市当中的上涨和熊市当中的上涨还是不一样的。可见严格的交易系统被证明成功之前是需要长时间检验的。

3. 交易系统是符合开发者的投资哲学和性格的系统

交易系统应该是开发者的投资哲学经过系统思想的物化结果，开发者的投资哲学会影响并决定交易系统的方方面面。投资哲学是对交易市场、交易对手和自己、价格运行、人的认知能力等方面最深刻和本质的认识和认同。而投资哲学的形成是交易者经过长期的学习、实践、思索，受制于交易者的文化、信念、世界观而形成的对交易中最重要事情的认识和认同。

交易系统也会直接反映开发者的性格特征，特别是对待风险的性格特征。金融经济学将人分为风险偏好、风险中性和风险规避，不同的人能够承受的风险程度不一样。交易系统中非常重要的一个子模块就是风险控制模块，这一模块通过控制单次亏损幅度和连续亏损幅度以及最大资金回撤等变量来控制总资金的风险，直接反映交易系统开发者对风险的态度。另外，交易系统的交易频率风格也反映开发者的自身性格。性子较急的人是不太可能开发和熟练使用长线交易系统的。

（二）交易系统是可以重复使用并且能长期稳定盈利的系统

1. 交易系统是可以重复使用的系统

交易系统是具有某种概率优势或风险收益比优势的系统，其本身就是对所交易的证券某种规律的逻辑或统计意义上的总结和把握。虽然对总结归纳出来的规律是否永远有效值得怀疑，但至少在交易的较长时间段该规律还是有效的。正因为如此，交易系统就是可以重复使用的系统。另外，交易系统是交易者长期辛苦的智力结晶，如果不具有某种程度上的重复使用性，这种长期的探索和开发过程就是无劳的。

2. 交易系统是能长期稳定盈利的系统

交易者开发交易系统的终极目标是要找到一种长期稳定盈利的交易方法，所以是否能长期稳定盈利是检验交易系统最后也是最重要的标准。长期盈利，一般说是在5~10年以上的时间周期内要盈利，一些长线交易系统甚至要求在几十年的周期内要保持盈利。但注意这里说的长期不是永远，永远能盈利的交易系统是不存在的。因为交易最重要的特征就是博弈，随着长期的盈利，交易对手会从失败的交易中总结经验想好下一次的对策，另外随着交易资金越来越大，想要继续保持盈利的难度就会非线性增加，所以永远盈利的交易系统不存在。

"稳定盈利"说的是资金的收益曲线要平滑一些，考察周期内出现亏损的可能性要尽量小。之所以强调稳定是因为波动太大的交易系统是通不过稳定性检验，更通不过实践的检验。例如，一个资金回撤50%的交易系统第一年赚100%，第二年亏损50%，两年下来收益为0，这样的交易系统就无法完成长期稳定盈利的终极目标。考察期内出现亏损的可能性要小是指在业绩考察期内，最通常的是年，最好不要出现亏损,如果无法避免亏损,也要让亏损的次数和幅度尽量地少。特别是从事资产管理,出资人是不允许基金管理人连续 2 年亏损或超过 20％以上的亏损,否则他们就会毫不手软地赎回。

(三) 交易系统是买卖和资金管理规则

1. 交易系统是一套严密的买卖规则

交易系统的主体是买卖规则和资金管理规范,买卖规则或者说开平仓规则是依据一定的条件进行交易对象和交易时机的选择。买卖规则具有明确性和完备性。

明确性是指买卖规则非常清楚明了地回答现在是否是交易对象和是否进行交易这两个重要的交易问题。例如,一个成长股交易系统可以简要地进行如下构建:第一步确定交易对象,可以使用一组过滤条件将 A 股 3 000 只股票进行筛选,最终选出一只股票投资。这些条件类似于:① 过去 3 年的净资产回报平均在25％以上;② 过去 3 年的净利润复合增长 30％以上;③ 公司主营产品的毛利率在 50％以上且过去 3 年不呈下降趋势;④ 有充分的理由相信未来 3 年该公司还可以保持这种增长势头;⑤ 该股票具有最高的性价比。假定通过前 4 个条件交易者选出 5只股票,又通过⑤选出最中意的 1 只股票。这个选股过程体现了买卖规则的明确性。

完备性指的是进行交易之后针对未来的各种情况,交易系统都做好了充分的应对措施。接着上例继续说明,假定交易者以 20 元的市价买入该股,交易系统的卖出规则就应该对该股未来的任何走势做好应对措施。假定卖出规则制定如下:① 亏损20％平仓;② 赚 100％平仓。该卖出规则虽然简单但符合完备性,因为未来该股只能出现①或②的情况之一。

2. 交易系统是有资金管理规则的

做实际的交易在做好交易对象和交易时机的选择之后,还有一个交易重大决策需要交易者做出,那就是要为这一次交易投入多少资金的问题。资金管理是交易中很重要的一个决策问题,如果每次交易投入的资金太大,只需要连续几次亏损交易就会让交易者处于被动地位;但如果每次交易投入资金太小,即使做对,总收益也不会很大。如何在安全性和营利性上做出平衡,交易者应该根据自己的风险承受能力和资金的承受能力来做出一个平衡处理。

资金管理的作用是保障交易者不会因为亏损较大而破产,同时也是为了实现交易系统内在的稳定盈利能力。资金管理主要解决的问题是交易中交易者应该下多大的注的问题以及如何加仓的问题。

第二节 交易系统的设计思路

交易系统的终极目标是要实现长期稳定盈利,但同时要受到长期稳定要件的约束,长期稳定需要交易系统在大量交易后具有概率或风险收益比优势,同时最大的资金回撤又不能太大。在这种盈利目标和约束条件下,有两种交易系统的设计思路可以行得通。

一、第一种交易系统设计思路:以正确率取胜

(一)正确率的含义

交易正确率(或者叫胜率)是指盈利的交易次数占总交易次数的比例。由于未来行情发展是不确定的,证券价格是某种程度的随机游走,所以不存在正确率100%的交易系统。即便如此,交易者仍然希望自己的交易系统拥有较高的胜率。在交易系统中正确率是一个重要因素,但不是最重要的因素。不要将交易设计的重点放在正确率上。

(二)正确率的影响因素

1. 交易系统所要捕捉的利润目标

交易系统所要捕捉的利润目标越小概率发生则交易正确率越低。每一个交易系统最重要的就是确定自己的目标利润是什么、抓住它的难度大不大的问题,如果捕捉难度较大就说明交易系统的正确率不高。例如,长线趋势系统的目标主要是抓长期的趋势利润,由于长期的趋势利润出现的概率偏低,特别是以较好的位置去捕捉的难度较大,所以这种系统的正确率一般不高,远低于50%。

2. 交易次数

一般来讲,交易次数越高,交易的正确率越低。注意:这里所讲的交易次数是低频交易范围的,现在风起云涌的高频交易也可以做到高胜率。之所以如此,原因是交易次数越多,说明交易系统的交易筛选条件不严格,所以才有较多的交易机会。但是我们知道,交易当中好的有高胜算的交易机会其实并不多,只有放低筛选条件才可以增加交易次数,当然正确率就会相应降低。

3. 止损

止损设计的大小直接影响正确率,行情的绝大多数走势回环往复,交易系统止损位置大,真正止损的概率就比止损位置小的交易系统的正确率要高。

4. 止盈

止盈原则也是直接影响正确率,理由同样是行情的绝大多数走势回环往复,如同等条件下固定点位止盈就比跟踪止盈的正确率要高,因为后者经常会出现先赚后亏的情况。

(三) 以正确率为重点设计交易模型

1. 设计理念

以正确率为重点的交易模型的设计理念是将交易的正确率这个因素看成是交易系统最重要的元素,其他的元素都要为提高正确率服务的设计思路。依据前面正确率的影响因素来分析,在实践上有两种类型以正确率为重点设计交易模型。

2. 两种设计思路

遵循薄利多销的原理,交易系统每一次亏盈都不大,主要依据较高的正确率来保证盈利和较多的交易次数以确保积少成多。设计这种类型的交易系统的关键是要平衡好交易次数和正确率之间的关系。一般来讲交易次数越多,正确率会下降,但一味地追求正确率,如果造成考察期的交易次数太少,也不会取得理想的收益率水平。

遵循高概率下重注的原理。这种交易系统通过严格的条件将交易正确率提高到较高的水平,比如 80% 以上,为了弥补交易次数的不足,通过每一次下注下得比上面第一种交易系统重的设计来提升考察期的收益率水平。

3. 两种设计思路的评价

(1) 两种设计思路应该在收益率水平相当。第一种设计思路是通过每次较少的期望盈利率和较多的交易次数来累计合意收益率,而第二种设计思路是通过每次较大的期望盈利率和较少的交易次数来获得合意收益率。这两种收益率水平大致属于同一个水准。其中第二种每次较大的期望盈利率是通过比第一种更高的准确率和更大的下注来保证的。

(2) 两种设计思路应该在风险水平相当。第一种设计思路的最大风险在于连续的小亏累计较大的亏损;而第二种设计思路由于更严格的筛选条件保证了其操作的正确率较高,从而连续亏损的概率比第一种小,但由于单次下注更大,所以两种设计思路的最大亏损风险是相当的。

(3) 从上面的对比来看,薄利多销设计思路交易系统具有交易次数较多、单次交易的风险收益比较低的特点;有把握下重注设计思路的交易系统具有交易次数少、单次交易的风险收益比较高的特点。

二、第二种设计思路:以风险收益比取胜的交易系统

(一)风险收益比的含义

风险收益比只是在考察期内所有盈利的总和除以所有亏损的总和,它反映的是单位风险的盈利水平。一个交易系统要盈利必须风险收益比要大于,比值越高说明交易者的交易机会的选择水平越高。

(二)风险收益比的影响因素

1. 正确率

交易系统的正确率越高,风险收益比就越高,这是可以依据风险收益比的定义简单推算出来的。

2. 交易次数

前面分析交易次数的多少主要是由交易系统的买卖条件是否严格来决定的,买卖条件越严格,就表明所追求的正确率或风险收益比就越高,可供交易的对象和时机就越少。所以,风险收益比和交易次数呈反比关系。

3. 止损止盈原则

交易系统究竟是采用何种止损止盈原则会直接影响收益和亏损的结果,从而对风险收益比造成直接影响。

(三)以风险收益比为重点设计交易模型

1. 设计理念

风险收益比交易系统的设计理念是小亏大赢,总体盈利。以风险收益比为重点的交易模型的设计理念是将交易的风险收益比这个因素看成是交易系统最重要的元素,其他的元素都要为提高风险收益比服务的设计思路。依据前面风险的影响因素来分析,在实践上有两种类型以风险收益比为重点设计交易模型。

2. 两种设计思路

(1)遵循小亏大赢的原理进行设计。具体含义是为了抓住大的盈利机会,对所有满足大的盈利机会的必要性条件都进行操作,但止损位相对较小,允许低于50%的正确率水平。例如,单根均线的金叉买入死叉卖出交易系统就属于这种设计思路,正确率一般在30%左右,该系统赚钱主要靠交易品种走出较大的趋势行情来弥补超过50%以上的累积小亏损。

(2)遵循好机会下重注的原理进行。这里所说的好机会是指市场给出风险收益比在5:1以上的优良交易机会。也就是说,这时候出手交易,如果输就亏损1个单

位,但如果赚就要赚 5 个以上的单位的交易机会。这种设计思路比较类似高概率下重注的设计思路,但二者的重点不一样,高概率的关注获胜的几率,而好机会关注的是盈亏比,对获胜概率的关注度不高。由于市场绝大多数时候提供的风险收益比机会都不太高,只有等待极端时候交易者或市场极度疯狂或恐惧的时候才可能出现这种极佳的交易机会。比如,当 A 股的整体市盈率跌至 10 倍以下,市净率跌到 1.4 的水平处于历史估值低点的时候,这时买股票就可能会有 5 倍以上的风险收益比。

3. 两种设计思路的评价

(1) 两种设计思路应该在收益率水平相当。第一种设计思路是通过承担较多的交易失败来换取高概率捕捉大的交易机会的做法,虽然捕捉大利润的能力增强但增加了许多小的无可避免的失败;而第二种设计思路是通过对大机会利润的参与并下重注来弥补交易次数太少的问题和错过一些交易系统不能把握的大机会利润。

(2) 两种设计思路应该在风险水平相当。第一种设计思路的最大风险在于连续的小亏累计较大的亏损;而第二种设计思路由于更严格的筛选条件保证了其操作的风险收益比较高,从而连续亏损的概率比第一种小,但由于单次下注更大,所以两种设计思路的最大亏损风险是相当的。

(3) 从上面的对比来看,小亏大赢设计思路交易系统具有交易次数较多、单次交易的风险收益比较低的特点;有好机会下重注设计思路的交易系统具有交易次数少、单次交易的风险收益比较高的特点。

第三节　交易系统的检测

交易系统从创建到真正证明是成功的交易系统要通过重重检验,而且可能在检验中对交易系统的一些细节问题进行修改优化。这些检验对交易系统的稳健性起到不可磨灭的作用,下面就从操作角度来谈交易系统的检验。从开发程序上讲,需要经过历史数据检验、盘中数据模拟检验和是实盘检验三个环节。

一、历史数据检验

历史数据检验是尽可能多地利用找得到的历史数据进行检验,而且通常是行情数据,中长线系统需要几年甚至几十年的数据,短线系统需要的数据时间跨度不大。找到数据之后要做数据的初步处理,看数据跨度中是否具有运行交易系统所需要的相对稳定的外在环境,要关注交易制度、保证金水平、佣金水平、市场参与者是否有重要变化、交易税收变化等问题,期货主力合约的换月问题。再对历史数据最好预处理后就可以使用交易系统进行测试,在进行测试过程中应该注意如下问题:

(1) 由于历史行情特别是 K 线图是一根一根 K 线进行历史回顾的,它是一下子就跳出来的,和实际交易过程中随时变化的实际情况是不一致的。

这个小细节的不同是会影响盘后历史数据的测试结果的。一般而言,如果 K 线是以瞬时出现的方式呈现的话,这会影响交易者的后续判断,特别是大阴大阳的时候。例如,盘后交易,当看到后面是根大阳线的时候,下意识地就会在前面进行买入或持有买入头寸的想法,而实际过程中如果大阳线是在 K 线的最后一小段时间暴涨出来的话,交易者可能因为注意力不集中或对暴涨行情准备不足而错过。显然,盘后的测试成绩好于实际。

(2) 历史行情的测试中应该注意滑点的影响,特别是大资金量。

大多数人的止损止盈点都会参照重要的技术位,由于很多的交易者使用差不多的技术分析手段,很容易在一些关键点位出现同时同方向的操作,再加上高频交易者的参与,实际交易中成交的点位数和盘后模拟交易差得很多,对于一些交易系统滑点的影响远大于手续费的影响。特别是一些交易活跃品种、历史股指期货,如果是一个重要的突破位,实际成交可以和前期突破参考位相差 2 点以上,而买卖一次的手续费才不到 0.4 个点。

(3) 历史数据的检验最重要的不是看交易系统产生了多大的年收益率,而是看最大资金回撤幅度和风险收益比这两个重要变量。

前者是看历史数据统计的最大亏损的风险,后者是看交易系统的总的风险控制水平。一般而言,年收益在 10% 以上就可以通过收益能力检验。交易系统最重要的是风险检验,最大资金回撤率就是其中最重要的一个。一般而言,交易系统应该将总资金的最大回撤控制在 20% 以内,最好是 10% 以内。实际上最大资金回撤是我们确定交易本金最重要的一个计算指标。例如,交易系统历史数据检测发现沪深 300 股指期货最大的累积亏损是 200 个点,也就是 6 万亏损,资金方的最大风险承受是 20% 亏损,这样依据历史数据,至少所需资金就应该是 6 万除以 20% 得到 30 万的本金。这就解决了一个交易 1 手至少需要多少资金的重要资金管理问题。另外,一个指标风险收益比最少应该在 1.2 以上,低于 1.2,如果交易次数和滑点较多的话就很难盈利了。其他统计变量(如正确率、交易次数、最大单次盈利、最大单次亏损、最大连亏次数、最大连赢次数、平均每次盈利、平均每次亏损等指标)都是第二位的,当然这些指标可以更加清楚地展现交易系统的收益风险特性。

(4) 检验数据要尽可能全面。

检验交易系统的历史数据要尽可能地多。一般来说,应该包括各种各样的行情类型,有快速简单的趋势行情,也有一些复杂趋势行情,有窄幅震荡行情,有宽幅震荡行情。一般而言,不同的行情类别,交易系统的表现完全不一样。只有经过全面检测,才可以知道交易系统在顺利的行情中是什么表现,在不顺利的行情中又是什么表现,总体是否能盈利等。

二、盘中数据模拟检验

因为交易是一件非常残酷的事情,大多数交易者都是以失败告终,所以在正式交易之前最好进行盘中模拟交易。盘中模拟交易的作用是进一步模拟真实交易情况。在历史数据测试中进行回顾测试,很可能交易者对行情进行较多次数的测试后对行情具有某种程度的记忆性,这种记忆性会影响到盘后的交易测试成绩,而且是将交易成绩优化。盘中模拟交易最大的好处就是完全在新的环境下进行测试,这种测试一般来说只有两点和真实交易不同。

(一)冲击成本在盘中模拟交易测试不出来

冲击成本是不能以理想的即时价格进行成交的成本,行业称滑点,流动性越差或者短期波动剧烈的交易品种滑点较大。滑点问题是交易者的隐形成本,在一些交易者普遍一致行动或者短时间的交易资金特别大的时候,滑点问题就非常突出。一些交易频繁的短线交易系统在历史数据测试阶段即使考虑手续费都可能是盈利的交易系统,但在真实的环境下就是因为滑点较大而变成失败的交易系统,滑点的负面影响超过交易费用就是主要原因。盘中模拟测试无论是手动的记录形式还是使用模拟交易软件来进行都不能测算出真正的冲击成本,冲击成本只有在真实的交易中才能体现出来,而且对交易绝对是负面影响,甚至对于某些滑点敏感的交易系统是最重要的影响因素。

(二)交易者交易心态

模拟交易和真实交易最大的不同在于心态不同,模拟交易由于是模拟资金,赚了变不了现,亏了不心疼,所以模拟交易心态较真实交易心态要平和得多。而一般情况是理性的交易,需要平静的心态,在模拟交易中很容易就做到平静,所以交易成绩会比较好。但是一旦进入真实的交易环境,交易者的交易心态就会波动,只要一波动,交易就会或多或少的变形,很多交易者实在过不了心态这关就干脆走向程序化方向,以期来规避交易心态对交易的负面影响作用。

三、实盘检验

最重要的检验过程是实盘检验,既然是检验交易系统的功能是否如预期,在这个阶段需要交易者投入少量资金进行实际操作来检验。检验过程需要注意的事项如下。

(一)滑点的真实影响效果

真实的滑点影响效果只能在实际的交易中去体验,特别是滑点影响绩效巨大的交易系统,这一点的测试就非常重要。如果真实的滑点影响较大,超出预期,就直接会导致交易系统失败或大幅减少收益的情况。即使滑点影响不大的交易系统也要严格检验滑点对成本的影响程度,因为一般而言,滑点都是不利于交易者的。目前高频交易正在我国证券期货市场高速发展,滑点的负面影响越来越大,以前赚钱的系统都有可能受到滑点的负面影响变得不赚钱或出现收益大幅减少的情况。

如果是准备大资金操作就要做大资金滑点专项测试。如果做大资金滑点测试,最好事前准备好一些算法交易程序来进行测试,比较一下哪种算法模型更好一些,尽量将滑点影响减少到最小。

(二)检验心态对交易效果的偏离程度

只要是真实交易,除了程序化执行外,主观手动交易一般而言不能做到100%的理想交易,多多少少都有偏差。这种偏差是否在可接受范围内就是一个重要的检验项目。因为交易收益率对交易心态是最为敏感的,如果心态失衡导致赚钱的交易不赚足或者根本就不做,又或是不断地在弱信号出现时频频出手亏损,这样的话70%的执行率就可能将盘后模拟交易收益不错的交易系统变成负收益交易结果。更重要的是心态失衡所导致的执行率不高的问题还很难解决,要去掉人性中的一些本性或根深蒂固的东西是非常困难的一件事。

(三)检验交易系统的常规交易特性

经过最好200笔左右的交易,然后统计分析该交易系统的总体交易特征,如收益率、正确率、风险收益比、最大连续亏损、最大资金回撤、平均每次盈利、平均每次亏损、利润和少交易费用的占比等等指标。除了进行总体分析外,最好还要将结构分析进行情分为上升趋势、下降趋势和盘整三种交易背景,看看交易系统的表现力如何等。

如果经过这三重检验,交易者就对交易系统比检验前有更深的认识和更强的自信,那么在实际的交易过程中就拥有更多的胜算。

思考与习题

1. 简述交易系统的含义和特点。
2. 简述交易系统的两种设计思路。
3. 简述交易系统监测的流程和中间注意的问题。

参考文献

[1] 约翰·墨菲. 期货市场技术分析[M]. 丁圣元,译. 北京:地震出版社,1994.

[2] 安毅. 期货市场学[M]. 北京:清华大学出版社,2015.

[3] 罗威,尹丽. 期货交易中止损止盈设置和最优交易周期的确定[M]. 成都:西南财经大学出版社,2016.

[4] 史蒂夫·尼森. 日本蜡烛图技术[M]. 丁圣元,译. 北京:地震出版社,1998.

[5] 艾琳·奥尔德里奇. 高频交易[M]. 谈效俊,译. 北京:机械工业出版社,2011.

[6] 安德鲁·波尔. 统计套利[M]. 陈雄兵,译. 北京:机械工业出版社,2011.

[7] 常清. 期货、期权与衍生品概论[M]. 北京:教育出版社,2011.

[8] 陈梦根. 算法交易的兴起及最新研究进展[J]. 证券市场导报,2013(9).

[9] 陈学斌. 程序化交易[M]. 上海:复旦大学出版社,2015.

[10] 上官丽英. 国内量化交易平台概述[R]. 银河证券博士后科研工作站,2015.

[11] 史蒂文·波泽. 应用艾略特波浪理论获利[M]. 符彩霞,译. 北京:机械工业出版社,2008.

[12] 吴晓求. 证券投资学[M]. 北京:中国人民大学出版社,2014.

[13] 中国期货业协会. 期货市场教程[M]. 第八版. 北京:财政经济出版社,2013.

[14] 陆一. 中国赌金者[M]. 上海:上海远东出版社,2015.

[15] 刘鸿儒. 金融期货[M]. 北京:中国金融出版社,2010.

图书在版编目(CIP)数据

投资市场技术分析 / 罗威,贺晗,纪同辉主编. ——
南京:南京大学出版社,2019.8
　ISBN 978 - 7 - 305 - 21942 - 9

　Ⅰ.①投…　Ⅱ.①罗…②贺…③纪…　Ⅲ.
①投资分析　Ⅳ.①F830.593

　　中国版本图书馆 CIP 数据核字(2019)第 072791 号

出版发行　南京大学出版社
社　　址　南京市汉口路 22 号　　　　邮编　210093
出 版 人　金鑫荣

书　　名　**投资市场技术分析**
主　　编　罗　威　贺　晗　纪同辉
责任编辑　李素梅　武　坦　　　　编辑热线 025 - 83592315
照　　排　南京理工大学资产经营有限公司
印　　刷　盐城市华光印刷厂
开　　本　787×1 092　1/16　印张 13　字数 316 千
版　　次　2019 年 8 月第 1 版　2019 年 8 月第 1 次印刷
ISBN 978 - 7 - 305 - 21942 - 9

定　　价　37.00 元
网　　址:http://www.njupco.com
官方微博:http://weibo.com/njupco
微信服务号:njuyuexue
销售咨询热线:(025)83594756